チベット語初等文法

【新訂版】

はしがき

チベット語の文法書は枚挙にいとまがない。しかし，会話に限ったもの，高価なもの，入手しにくいもの，欧文のもの等，教科書として適当なものが見当たらない。本書は大正大学の初級チベット語講座のためにチベット語古典文法を簡略に記したものである。講義メモ程度のものであり，独習書ではない。進んで研究を目指す方は他の書物によられたい。各項目の構成は河口慧海師将来のダライラマ13世によって著された ཡི་གེའི་མདོ། （文字経）によっている。

○　ཡི་གེའི་མདོ།　STUDIA TIBETICA No.1 東洋文庫 1967

各項目の説明については主として次の書物を参照した。

○　井原徹山：音成就金剛著「三十(頌)」譯註　「仏教研究」第６巻第１号　大東出版社　昭和17年

動詞に関しては以下の書物を借用した。

○　多田等観：西蔵語文法抄　手書本

尚，以下の文法書が詳しく有益である。

○　稲葉正就：チベット語古典文法學　増補版　宝蔵館　昭和61年

最近チベット学の泰斗山口瑞鳳博士が三部作を上梓された。

○　チベット語文語文法　春秋社　平成10年

○　概説　チベット語文語文法　春秋社　平成14年

○　要説　チベット語文語文法　山喜房佛書林　平成15年

また，次の辞書を用意されたい。

○　H. A. JÄSCHKE : *A TIBETAN-ENGLISH DICTIONARY*, London, First Published 1881
Reprinted : Delhi, 1975, 1980, 1987

尚，改訂に当たって以下の点を増補訂正した。

1　前書では例文に和訳を付してあったが，説明用に一，二例の例文を示すのみで，受講者の課題のために残りの例文を例題とした。

2　上記課題を受講者が果たすため例文・例題の和訳つき語彙集を巻末に設けた。

3　チベット語に力のついてくる夏休み以降のために各章に練習問題を設けた。初級学習者には難問と思われるので，各文の直後に出来るだけ多くの和訳つき単語を示した。

4　チベット語を継続して学習する人のために各章末の余白に閑談としてチベット語学習に関する事項等を記した。

5　巻末に初級文法を終えたのちに，読本用に経典抜粋，Vinaya-vibhaṅgaの中から『六道輪廻図経』，『般若心経』，『維摩経』，『初会金剛頂経　五相成身観』を記載した。

6　練習問題引用の原典の使用テキストは以下のとおり。

○　インド仏教史（Tāranātha著）；དམ་པའི་ཆོས་རིན་པོ་ཆེ་འཕགས་པའི་ཡུལ་དུ་ཇི་ལྟར་དར་བའི་ཚུལ་གསལ་བར་སྟོན་པ་དགོས་འདོད་ཀུན་འབྱུང་། （デルゲ版東北目録No.7037），A. Schiefner, *Doctorinae Buddhicae in India Propagatione*.（1868, repri. Tokyo, 昭和40年）を使用

○　勝鬘経；འཕགས་པའ་ལྷ་མོ་དཔལ་འཕྲེང་གི་སེང་ངེའི་སྒྲ་ཞེས་བྱ་བ་ཐེག་པ་ཆེན་པོའི་མདོ། （デルゲ版東北目録No.92, 北京版大谷目録No.760-48）使用テキスト北京版

○　維摩経；འཕགས་པ་དྲི་མ་མེད་པར་གྲགས་པས་བསྟན་པ། （デルゲ版東北目録No.176，北京版大谷目録No.843）北京版，維摩経の章節は，É Lamotte, *L'Enseignement de Vimalakīrti*, Louvain, 1962によった。尚，大正大学綜合仏教研究所維摩経研究会，『維摩経　転写テキスト』（大正大学出版会　平成16年）を参照

○　アティーシャ伝広本；ཇོ་བོ་རྗེ་དཔལ་ལྡན་མར་མེ་མཛད་ཡེ་ཤེས་ཀྱི་རྣམ་ཐར་རྒྱས་པ། （デルゲ版東北目録No.7043）デルゲ版使用

○　青史（gZhon nu dpal著）；དེབ་གཏེར་སྔོན་པོ། （デルゲ版東北目録No.7036）L. Chandra, *The Blue Annals*, 1976を使用

○　仏教史（Bu ston著）；བདེ་བར་གཤེགས་པའི་བསྟན་པའི་གསལ་བྱེད་ཆོས་ཀྱི་འབྱུང་གནས་གསུང་རབ་རིན་པོ་ཆེའི་མཛོད། （デルゲ版東北目録No.5197）デルゲ版使用

○　タントラ総説（mKhas grub rje著）；རྒྱུད་སྡེ་སྤྱིའི་རྣམ་པར་བཞག་པ་རྒྱས་པར་བཤད་པ། （デルゲ版東北目録No.5489）使用テキスト　ダラムサーラ版使用，英訳本，D. Lessing and A. Wayman, *Mkhas grub rje's Fundamentals of the Buddhist Tantras*, Mouton 1968を使用

○　一切宗義　秘密ニンマ派（Thu'u bkvan著）；གྲུབ་མཐའ་ཐམས་ཅད་ཀྱི་ཁུངས་དང་འདོད་ཚུལ་སྟོན་པ་ལེགས་བཤད་ཤེལ་གྱི་མེ་ལོང་ལས་བོད་ཡུལ་དུ་བསྟན་པ་ཕྱི་དར་གསང་སྔགས་རྙིང་མའི་གྲུབ་མཐའ་བྱུང་ཚུལ་བཞུགས་སོ། （蔵文典籍目録No.003636-3）　The collection of Thu'u bkvan chos kyi ñi ma vol.2を使用

尚，大正大学綜合仏教研究所研究員鈴木晃信氏作成のチベット文字フォントを利用させていただき，かつ数々の助言を賜った。厚く御礼申し上げます。

平成16年４月

髙橋尚夫・前田亮道

****

【新改訂版】

この度の再改訂において以下のことを留意した。

1．改訂版に見られた入力ミスの誤字脱字をできるだけ訂正した。

2．単語説明の不足が指摘されたので，練習問題直後と巻末の語彙集にできるだけ多くの単語説明を補充した。

3．一部練習問題を変更した。

4．学友クンチョク・シタール氏の助言により一部説明内容を変えた。

平成20年４月

髙橋尚夫・前田亮道

****

【新訂版】

この度の新訂版は，髙橋尚夫、前田亮道（享年平成20年11月23日）両先生の後を継ぎ，大正大学においてチベット語の授業を担当している倉西憲一が新訂内容を，吉澤秀知がチベット文字の校正，レイアウト，組版作成を担当した。改訂する際には，以下の点に留意した。

1．新改訂版に見られた入力ミスの誤字脱字を訂正した。

2．一部の経典抜粋を変更した。

3．いくつかの漢字をひらくなど，平易な表現に変更した。

4．練習題の後にあった語彙を巻末の語彙と統合し，新たに語彙を補充した。

なお，新訂版より大正大学出版会からの刊行となったが，こころよく転載の許可をくださったノンブル社に厚く御礼申し上げます。

令和３年３月

倉西憲一・吉澤秀知

≪目次≫

I　チベット語の文字とその綴字法

【A】文字

［1］དབྱངས་བཞི། dbyaṅs bshi（四つの母音 [記号]） Appendix II- 2

ཨི་	ཨུ་	ཨེ་	ཨོ།
i	u	e	o

［2］གསལ་བྱེད་སུམ་ཅུ། gsal byed sum cu（三十の子音）

ཀ་སྡེ།	ཀ་	ཁ་	ག་	ང་།	[ང་はngaと表記する方法もある*]
	ka	kha	ga	ṅa	
ཅ་སྡེ།	ཅ་	ཆ་	ཇ་	ཉ།	[ཉ་ = nya]
	ca	cha	ja	ña	
ཏ་སྡེ།	ཏ་	ཐ་	ད་	ན།	
	ta	tha	da	na	
པ་སྡེ།	པ་	ཕ་	བ་	མ།	
	pa	pha	ba	ma	
ཙ་སྡེ།	ཙ་	ཚ་	ཛ་	ཝ།	[ཛ་ = dza,　ཝ་ = va]
	tsa	tsha	dsa	wa	
ཞ་སྡེ།	ཞ་	ཟ་	འ་	ཡ།	[ཞ་ =śa,　zha,　འ་ = ʼ,　འི = ʼi]
	sha	za	ḥa	ya	
ར་སྡེ།	ར་	ལ་	ཤ་	ས།	[ཤ་ = sha]
	ra	la	śa	sa	
ཧ་སྡེ།	ཧ་	ཨ།			
	ha	a			

* 東北表記，Wylie 表記，Library Congress 表記など様々に表記方法がある。

［3］སྒྲ་མདངས། sgra mdaṅs （発声器官による分類）

(1) ལྕེ་ཡི་རྩ་དང་མགྲིན་ལས་སྐྱེ་བ། （舌根と喉より生じるもの・喉音）

ཀ་ ཁ་ ག་ ང་ འ་ ཧ་ ཨ།

(2) ལྕེ་ཡི་དབུས་དང་རྐན་ལས་སྐྱེ་བ།（舌の中央と口蓋より生じるもの・顎音）

ཨི་ ཨེ་ ཅ་ ཆ་ ཇ་ ཉ་ ཙ་ ཚ་ ཛ་ ཞ་ ཡ་ ཤ།

(3) ལྕེ་ཡི་རྩེ་དང་སོ་ལས་སྐྱེ་བ།（舌の先端と歯より生じるもの・歯音）

ཏ་ ཐ་ ད་ ན་ ཟ་ ལ་ ས།

(4) ལྕེ་དང་མཆུ་ལས་སྐྱེ་བ།（舌と口唇より生じるもの・唇音）

ཨུ་ ཨོ་ པ་ ཕ་ བ་ མ་ ཝ།

(5) སྣ་ལས་སྐྱེ་བ།（鼻より生じるもの・鼻音）

ང་ ཉ་ ན་ མ།

(6) ལྕེའི་རྩེ་སྤྲི་བོ་ལས་སྐྱེ་བ། （舌の突端より生じるもの・舌端の振動）

ར།

［4］音の強弱による分類

(1) ཕོ། pho （男性） ཀ་ ཅ་ ཏ་ པ་ ཙ།

(2) མ་ནིང་། ma niṅ（中性） ཁ་ ཆ་ ཐ་ ཕ་ ཚ།

(3) མོ། mo（女性） ག་ ཇ་ ད་ བ་ ཛ་ ཝ་ ཞ་ ཟ་ འ་ ཡ་ ཤ་ ས།

(4) ཤིན་ཏུ་མོ། śin tu mo （甚女性） ང་ ཉ་ ན་ མ།

(5) མོ་གཤམ། mo gśam （弱女性） ར་ ལ་ ཧ་ ཨ།

(6) མཚན་མེད། mtshan med （無性） ཨ།

［5］サンスクリット語の母音と子音を写す文字

(母音)	ཨ་	ཨཱ་	ཨི་	ཨཱི་	ཨུ་	ཨཱུ་	ཨེ་	ཨཻ་	ཨོ་	ཨཽ་	ཨཾ་	ཨཿ།
	a	ā	i	ī	u	ū	e	ai	o	au	aṃ	aḥ
	རྀ་	རཱྀ་	ལྀ་	ལཱྀ་								
	ṛ	ṝ	ḷ	ḹ								

（子音）	ཀ་	ཁ་	ག་	གྷ་	ང་
	ka	kha	ga	gha	ṅa
	ཙ་	ཚ་	ཛ་	ཛྷ་	ཉ་
	ca	cha	ja	jha	ña
	ཊ་	ཋ་	ཌ་	ཌྷ་	ཎ་
	ṭa	ṭha	ḍa	ḍha	ṇa
	ཏ་	ཐ་	ད་	དྷ་	ན་
	ta	tha	da	dha	na
	པ་	ཕ་	བ་	བྷ་	མ་
	pa	pha	ba	bha	ma
	ཡ་	ར་	ལ་	ཝ་	
	ya	ra	la	va	
	ཤ་	ཥ་	ས་	ཧ་	ཀྵ་
	śa	ṣa	sa	ha	kṣa

このうち次の六文字を ལོག་ཡིག་དྲུག log yig drug （六反対字）という。

ཊ་	ཋ་	ཌ་	ཎ་	ཥ་	ཀྵ།
ṭa	ṭha	ḍa	ṇa	ṣa	kṣa

【B】綴字法

［1］母音と子音の結合

◌ི	(i)	གི་གུ gi gu
◌ུ	(u)	ཞབས་སྐྱུ། shabs skyu or ཞབས་ཀྱུ། shabs kyu
◌ེ	(e)	འགྲེང་བུ། ḥgreṅ bu
◌ོ	(o)	གནའ་རོ། gnaḥ ro or ན་རོ། na ro, སྣ་རུ། sna ru

筆順

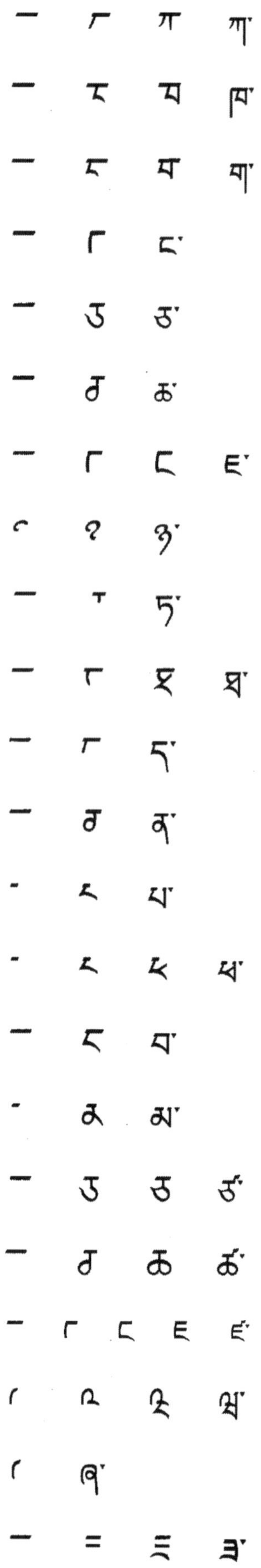

ཀ་	ཀི་	ཀུ་	ཀེ་	ཀོ་	
ཁ་	ཁི་	ཁུ་	ཁེ་	ཁོ་	
ག་	གི་	གུ་	གེ་	གོ་	
ང་	ངི་	ངུ་	ངེ་	ངོ་	文字の高さは半分
ཅ་	ཅི་	ཅུ་	ཅེ་	ཅོ་	〃
ཆ་	ཆི་	ཆུ་	ཆེ་	ཆོ་	〃
ཇ་	ཇི་	ཇུ་	ཇེ་	ཇོ་	〃
ཉ་	ཉི་	ཉུ་	ཉེ་	ཉོ་	
ཏ་	ཏི་	ཏུ་	ཏེ་	ཏོ་	
ཐ་	ཐི་	ཐུ་	ཐེ་	ཐོ་	〃
ད་	དི་	དུ་	དེ་	དོ་	
ན་	ནི་	ནུ་	ནེ་	ནོ་	
པ་	པི་	པུ་	པེ་	པོ་	〃
ཕ་	ཕི་	ཕུ་	ཕེ་	ཕོ་	〃
བ་	བི་	བུ་	བེ་	བོ་	〃
མ་	མི་	མུ་	མེ་	མོ་	〃
ཙ་	ཙི་	ཙུ་	ཙེ་	ཙོ་	〃
ཚ་	ཚི་	ཚུ་	ཚེ་	ཚོ་	〃
ཛ་	ཛི་	ཛུ་	ཛེ་	ཛོ་	〃
ཝ་	ཝི་	ཝུ་	ཝེ་	ཝོ་	
ཞ་	ཞི་	ཞུ་	ཞེ་	ཞོ་	
ཟ་	ཟི་	ཟུ་	ཟེ་	ཟོ་	〃

འ་	འི་	འུ་	འེ་	འོ་	〃
ཡ་	ཡི་	ཡུ་	ཡེ་	ཡོ་	〃
ར་	རི་	རུ་	རེ་	རོ་	〃
ལ་	ལི་	ལུ་	ལེ་	ལོ་	〃
ཤ་	ཤི་	ཤུ་	ཤེ་	ཤོ་	
ས་	སི་	སུ་	སེ་	སོ་	〃
ཧ་	ཧི་	ཧུ་	ཧེ་	ཧོ་	
ཨ་	ཨི་	ཨུ་	ཨེ་	ཨོ་	〃

上記のように

通常の高さ　ཀ་ ཁ་ ག་ ཉ་ ཏ་ ད་ ན་ ཝ་ ཞ་ ཤ་ ཧ།

半高　ང་ ཅ་ ཆ་ ཇ་ ཐ་ པ་ ཕ་ བ་ མ་ ཙ་ ཚ་ ཛ་ ཟ་ འ་ ཡ་ ར་ ལ་ ས་ ཨ།

各文字は文字の頭で揃える。uを除いた母音符号はその上に書く。

ཀ་ ཁྲི་ ཟུ་ པེ་ ང་ ག་ ཞ་ བྲུ་ ཙོ་ མ་ ཧུ་ སྒྲུབས་

下記の子音結合も通常の高さ以内に収める。

［２］子音の結合

(1) སྨད་འདོགས། smad ḥdogs（下に添加する・添足） འདོགས་ཅན། ḥdogs can（有足字）ともいう。

（イ）ཡ་བཏགས། ya btags（ཡ་ の添くもの） 7字

◌ྱ	ཀྱ་	ཁྱ་	གྱ་	པྱ་	ཕྱ་	བྱ་	མྱ།
	kya	khya	gya	pya	phya	bya	mya

note : 発音　པྱ་ = ཅ་ ： ཕྱ་ = ཆ་ ： བྱ་ = ཇ་ ： མྱ་ = ཉ་

（ロ）ར་བཏགས། ra btags （ར་ の付くもの） 14字

◌ྲ	ཀྲ	ཁྲ་	གྲ་	ཏྲ་	ཐྲ་	དྲ་	ནྲ་	པྲ་
	kra	khra	gra	tra	thra	dra	nra	pra

ཕྲ་ བྲ་ མྲ་ ཤྲ་ སྲ་ ཧྲ།

phra bra mra śra sra hra

note:発音 ཀྲ་，ཏྲ་，པྲ་ = ཊ་ : ཁྲ་，ཐྲ་，ཕྲ་ = ཋ་ : གྲ་，དྲ་，བྲ་ = ཌ་

ནྲ་ = ན་ : མྲ་ = མ་ : ཤྲ་ = ཤ་ : སྲ་ = ས་ : ཧྲ་ = ར་

(ハ) ལ་བཏགས། la btags (ལ་ の付くもの) 6字

◌ླ ཀླ་ གླ་ བླ་ ཟླ་ རླ་ སླ།

kla gla bla zla rla sla

note: 発音 ཟླ་ = dha, その他は全て「la」と発音。

(ニ) ཝ་ཟུར་བཏགས། wa zur btags (ཝ་ の角の付くもの) 18字

◌ྭ ཀྭ་ ཁྭ་ གྭ་ ཅྭ་ ཉྭ་ ཏྭ་ ཐྭ་ དྭ་ ཙྭ་ ཚྭ་

kwa khwa gwa cwa ñwa twa thwa dwa tswa tshwa

ཛྭ་ ཞྭ་ ཟྭ་ རྭ་ ལྭ་ ཤྭ་ སྭ་ ཧྭ་ [གྲྭ་ ཕྱྭ་]

dswa shwa zwa rwa lwa śwa swa hwa grwa phywa

note: 発音 「w」は発音しない。

(2) མགོ་ཅན། mgo can （上に添加する・有冠）

(イ) ར་མགོ་ ra mgo (ར་ 冠を持つもの) 12字

ར྄ རྐ་ རྒ་ རྔ་ རྗ་ རྙ་ རྟ་ རྡ་ རྣ་ རྦ་ རྨ་ རྩ་ རྫ།

rka rga rṅa rja rña rta rda rna rba rma rtsa rdsa

note: 発音 子音＋濁音→濁音

(ロ) ལ་མགོ་ la mgo (ལ་ 冠を持つもの) 10字

ལ ལྐ་ ལྒ་ ལྔ་ ལྕ་ ལྗ་ ལྟ་ ལྡ་ ལྤ་ ལྦ་ ལྷ།

lka lga lṅa lca lja lta lda lpa lba lha

note: 発音 冠字は発音しない。

(ハ) ས་མགོ་ sa mgo (ས་ 冠を持つもの) 11字

ས སྐ་ སྒ་ སྔ་ སྙ་ སྟ་ སྡ་ སྣ་ སྤ་ སྦ་ སྨ་ སྩ།

ska sga sṅa sña sta sda sna spa sba sma stsa

(3) འཕུལ་ཅན། ḥphul can （接字を有するもの）Appendix II- 3

note: 発音　　前接字は発音しない。

(a) སྔོན་འཇུག་ལྔ་། sṅon ḥjug lṅa （前接５字）

ག་　　ད་　　བ་　　མ་　　འ།

འཇུག་ཚུལ། （付き方）

（イ）ག་སྔོན་འཇུགག ག་ は次の11字に前接する。

ཅ་ ཏ་ ད་ ཞ་ ཟ་ ཡ་ ཤ་ ས་ ཉ་ ན་ ཙ།

e.g. གཅུང་པོ། གཏན། གདོད། གཞི། གཟུང་། གཡོན་མ། གཤི། གསོད། གཉེན། གནས

（ロ）ད་སྔོན་འཇུག ད་ は次の15字に前接する。

ཀ་ ཀྱ་ ཀྲ་ ག་ གྱ་ གྲ་ ང་ པ་ པྱ་ པྲ་ བ་ བྱ་ བྲ་ མ་ མྱ།

e.g. དཀར། དཔྱངས། དགྱེས་པ། དབྱངས། དངོས། དམིགས།

（ハ）བ་སྔོན་འཇུག བ་ は次の40字に前接する。

ཀ་ ཀྱ་ ཀྲ་ ཀླ་ རྐ་ རྐྱ་ སྐྱ་ སྐྲ་ ག་ གྱ་ གྲ་ རྒ་ རྒྱ་ སྒ་ སྒྱ་ སྒྲ་ ང་ རྔ་ ཅ་ རྗ་ རྙ་ སྙ་ ཏ་ རྟ་ ལྟ་ སྟ་ ད་ རྡ་ ལྡ་

སྡ་ རྣ་ སྣ་ ཙ་ རྩ་ སྩ་ རྫ་ ཞ་ ཟ་ ཟླ་ རླ་ ཤ་ ས་ སྲ་ སླ།

e.g. བཀབ།　བཅབས།　བཏོན།　བཙལ།　བགྲོས།　བརྗེད།　བདེན།　བརྫུན།　བཞེད།　བཟློད།　བརླང་།

བསལ།　བརྟགས།　བསྙེན།　བརྟན།

（ニ）མ་སྔོན་འཇུག མ་ は次の15字に前接する。

ཁ་ ཁྱ་ ཁྲ་ ག་ གྱ་ གྲ་ ང་ ཆ་ ཇ་ ཉ་ ཐ་ ད་ ན་ ཚ་ ཛ།

e.g. མཁས། མཆོག མཐོང་། མཚན། མཇལ། མགོན། མདུན།

（ホ）འ་སྔོན་འཇུག འ་ は次の19字に前接する。

ཁ་ ཁྱ་ ཁྲ་ ག་ གྱ་ གྲ་ ཆ་ ཇ་ ཐ་ ད་ དྲ་ ཕ་ ཕྱ་ ཕྲ་ བ་ བྱ་ བྲ་ ཚ་ ཛ།

e.g. འཁོད། འཆལ། འཐད། འཕྲེལ། འཚོལ། འགྲེལ། འཇུག། འདོམས། འབྱིན། འཛུད།

(b) རྗེས་འཇུག་བཅུ། rjes ḥjug bcu（後接十字）

ག་ ང་ ད་ ན་ བ་ མ་ འ་ ར་ ལ་ ས།　　　後接字の ད་ འ་ ལ་ ས་ は発音しない。

འཇུག་ཚུལ། ḥjug tshul（付き方）

e.g.　བཀག　　བཅད།　　བདུག།　　བཅོས།　　　　　　（発音・強の強）

གཞིག	རྗོད།	བསླབ།	གཅེས།			(強の中)
ཕྱུག	མཛོད།	ཡིབ།	སྦྲོས།			(強の下)
བཀྲིང་།	བཙོམ།	དཔའ།				(女性)
བདུང་།	ཞུམ།	མཐའ།				(甚女性)
བརྡོན།	བསྐྱར།	བསྐྱུལ།	རྒྱན།	གར།	འབྱུལ།	(弱女性)
བདེན།	བདར།	བསྐྲལ།	ཐུན།	ཁར།	ཕྱུལ།	(無性)

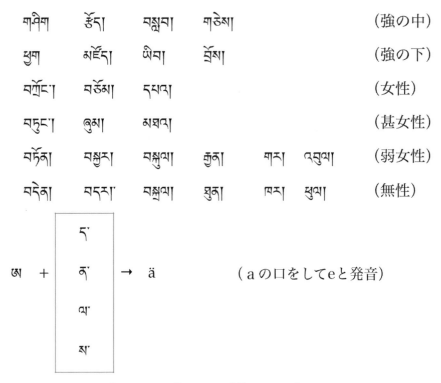

ཨ + [ད་ ན་ ལ་ ས་] → ä　　（aの口をしてeと発音）

e.g. དད་པ་=tö-pa ཅན་=cän ཕལ་=phä གནས་=nä

ཨུ + [ད་ ན་ ལ་ ས་] → ü　　（uの口をしてeと発音）

e.g. མདུད་པ་=dü-pa སྤུན་=pün ཡུལ་=yü གདུས་=dü

ཨོ + [ད་ ན་ ལ་ ས་] → ö　　（oの口をしてeと発音）

e.g. རྗོད་=jö སྔོན་=ṅön དོལ་=tö ཆོས་=chö

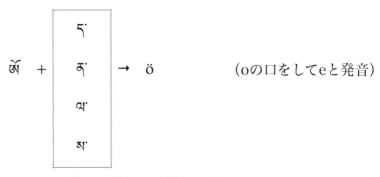

note: ད་ ན་ ལ་ ས་ が後接した時は，その前の母音はウムラウト化する。

ただし，鼻音は残り，基字の母音はやや長く聞こえる。

མཐའ་མེད།（後接の無い字）　+ འ་ → ṅ　　e.g. མི་འཇུག་（ミン・ジュク）

+ མ་ → ṃ　　e.g. རྒྱ་མཚོ་（ギャム・ツォ）

+ བ་ → p　　e.g. བཅོ་བརྒྱད་（チョプ・ギュー）

(c) ཡང་འཇུག་གཉིས། yaṅ ḥjug gñis（再後接字二字）

ད་ ས།　note: 発音　この2字は発音しない。

（イ）ད་ཡང་འཇུག da yaṅ ḥjug あるいはད་དྲག་པོ། da drag po（強めの ད་ 字）

後接字 ན་ ར་ ལ་ の三字に付く。

e.g. གསནད། སྒྱུརད། གསལད།

（ロ）ས་ཡང་འཇུག sa yaṅ ḥjug

後接字 ག་ ང་ བ་ མ་ の四字に付く。

e.g. ལགས། ཡོངས། སྤོབས། ཁམས།

【文字配置図】

བསྐྱུགས (bskyugs)

b s g s	1 2 6 7
k	3
y	4
u	5

［3］མིང་གཞི། miṅ gshi（基字）

添足・冠字・接字を取る字はすべて མིང་གཞི་（基字）となる。ただし，字母の中にただ基字となるのみで前接字，後接字，再後接字のいずれにもならないものが二十字ある。

これをམི་འཇུག་མིང་གཞི་（不接基字）という。

ཀ་ ཁ་ ཅ་ ཆ་ ཇ་ ཉ་ ཏ་ ཐ་ པ་ ཕ་ ཙ་ ཚ་ ཛ་ ཝ་ ཞ་ ཟ་ ཡ་ ཤ་ ཧ་ ཨ་

［4］記号　Appendix Ⅱ-19

་	ཚེག་	語の右肩に打ち，音節を区分する。
		ང་以外は次に ཤད་（།）が来る時，これを附さない。
।	ཚིག་ཤད་	句の区切りをしめす。（カンマ）
		ただし，ཀ་，ག་，ཤ་ の後には附さない。
॥	གཉིས་ཤད་	文章または偈頌の区切り。（ピリオド）
॥ ॥	བཞི་ཤད་	大段落，章の終わりに用いる。
༑ ༏	རྒྱན་ཤད་	（荘厳）偈頌などの最初。
࿐	ཉི་ཟླ་	（日月点）冠頭に用いる。

II　名詞の格

【A】総説

元来チベット語は単綴語であるから，梵語のように語尾変化や連声は行われない。従って助辞によって語と語との関係を表示する。すなわち，日本語の「テニヲハ」や英語の preposition 等に相当するものである。故に厳密には文法上の格変化はないのであるが，古来，梵語の八格に模して説明しているので，これらの助辞を一括して示しておく。

［1］格の名称

1. རྣམ་དབྱེ་དང་པོ།	第一格・主格	ཆོས་དངོས (དངོས་མིང་)།（実際にある名前）
2. རྣམ་དབྱེ་གཉིས་པ།	第二格・業格	ལས་སུ་བྱ་བ།（行動においてなされるもの）
3. རྣམ་དབྱེ་གསུམ་པ།	第三格・具格	བྱེད་པ་པོ།（する者，作者）
4. རྣམ་དབྱེ་བཞི་པ།	第四格・為格	སྦྱིན་པའི་སྣོད་དམ་དགོས་ཆེད།（施の器或いは，必要とする）
5. རྣམ་དབྱེ་ལྔ་པ།	第五格・従格	འབྱུང་ཁུངས།（生じるもと）
6. རྣམ་དབྱེ་དྲུག་པ།	第六格・属格	འབྲེལ་བ།（結びつく）
7. རྣམ་དབྱེ་བདུན་པ།	第七格・於格	རྟེན་གནས།（拠り処）
8. རྣམ་དབྱེ་བརྒྱད་པ།	第八格・呼格	འབོད་པ།（呼びかけること）

［2］格を示すのに必要な助辞

1. 主格 Nominative（は，が）　特に助辞を附さない。時に強めて ནི་ を附す。
2. 業格 Accusative（を，に）　助辞のない場合と ལ་དོན་ を附す場合がある。
3. 具格 Instrumental（によって，をもって，にて）［他動詞の主語を表す］
   ཀྱིས་ གིས་ གྱིས་ -འིས་ ཡིས་ -ས་
4. 為格 Dative（に，にまで，に対して）ལ་དོན། (སུ་ རུ་ ར་ དུ་ ན་ ལ་ ཏུ་)
5. 従格 Ablative（より，から）　ནས་ ལས་
6. 属格 Genitive（の）　ཀྱི་ གི་ གྱི་ -འི་ ཡི་
7. 於格 Locative（において，に）　ལ་དོན་ (སུ་ རུ་ ར་ དུ་ ན་ ལ་ ཏུ་)
8. 呼格 Vocative（オー，よ）　格助辞のない場合と呼掛けの間投詞が前に付く場合とがある。ཀྱེ་，ཀྭ་ཡེ་，ཨ་ཡེ་

［3］ལ་དོན་རྣམ་པ་བདུན།（七種の ལ義）Appendix Ⅰ-1，Appendix Ⅱ-5

上に挙げた格助辞の中，སུ་རུ་ར་དུ་ན་ལ་ཏུ་は ལ་དོན་と言って，業格，為格，於格に共通に用い，すべて同義である。ただし，接続する語の終字に従って区別される。ལ་によって代表し，ལ་དོན་རྣམ་པ་བདུན་と言われる。

1. སུ་は ས་の後に　　e.g. ཤར་ཕྱོགས་སུ།（東の方において）

2. ར་と རུ་は འ་と མཐའ་མེད་（後接なき語，母音で終わっている語）の後に，また「འ」の後にこの文字が続く場合は「འ」を略す。

e.g.　མཐར། = མཐའ + ར（終わりに）　ལྷོ་རུ། or ལྷོར།（南に）

ལག་པར། = ལག་པ + ར（手に）

3. དུ་は ང་ད་ན་མ་ར་ལ་の後に

e.g.　སྟེང་དུ།（上に）　གདན་དུ།（座に）　མདུན་དུ།（前に）

གནམ་དུ།（空に）　རྒྱ་གར་དུ།（インドにおいて）　ཡུལ་དུ།（国土に）

4. ན་と ལ་は一定しない。一般にはལ་を使う。尚，ན་は条件・仮定を表す。

e.g.　གཟུགས་ལ།（からだに）　མདུན་ན།（前に）　ལག་ལ།（手に）

ངས་དེ་མཐོང་ན།（私がそれを見たならば）

5. ཏུ་は ག་と བ་と ད་དྲག་（強めの ད 字）の後に

e.g.　རྟག་ཏུ།（常に）　རྒྱབ་ཏུ།（後に）　ཀུན་ཏུ། = ཀུནད་ཏུ།（すべてに）

ཕ་རོལ་ཏུ། = ཕ་རོལད་ཏུ།（向こう岸に）

【B】格の用法・各説

［1］ལས་སུ་བྱ།（業格）の用法

ཤར་ཕྱོགས་སུ་འགྲོ།（東方に行く）

例題

1. སྟེང་དུ་བཞག།	2. སྡོན་དུ་ཆུག།	3. མདུན་དུ་དགུག།
4. གནམ་དུ་གཏོར།	5. ཡར་དུ་འགྲོ།	6. ཡུལ་དུ་སོང་།
7. ཐོག་ཏུ་དགབ།	8. རྒྱབ་ཏུ་ཁུར།	9. ལྷོ་རུ་འགྲོ།
10. ལྷོར་སོང་།	11. ལག་ན་གདུགས་ཐོགས།	12. ལག་པ་ལ་བཟུང་།

［2］དགོས་ཆེད།（為格）の用法

སངས་རྒྱས་ཐོབ་པའི་ཆེད་དུ་ཆོས་བྱ།（仏位に到達するために法が行じられるべし）

例題

1. ལོངས་སྤྱོད་འཕེལ་བའི་ཕྱིར་དུ་སྦྱིན་པ་བཏང་།
2. མ་འཁྲུག་པའི་ཕྱིར་དུ་གོས་གྱོན།
3. མ་ལྟོགས་པའི་ཆེད་དུ་ལྟོ་ཟ།
4. དབུལ་པོ་ལ་ནོར་སྟེར།
5. རྟ་ལ་རྩྭ་སྟེར།
6. དགོན་པ་རུ་མང་ཇ་གཏོང་།
7. དགོན་པར་མཆོད་མེ་འབུལ།
8. མེ་ཏོག་དུ་ཆུ་བླུག།

［3］རྟེན་གནས།（於格）の用法

སྟེང་དུ་ལྷ་གནས།（上に神は住む）

例題

1. འོག་ཏུ་ཀླུ་གནས།
2. རྒྱ་མཚོ་ལ་ནོར་བུ།
3. ཉི་མ་ལ་འོད།
4. མེ་ལ་དྲོད།
5. ཆུ་ལ་ཉ།
6. ཤིང་ལ་བྱ།
7. དགོན་པ་ལ་གྲྭ་པ།

［4］དེ་ཉིད་（自性詞）業格の特殊用法で同定格とも言う。自動詞と共に用いられ，業格の位置にある名詞が助辞と共に副詞的になったもの

མེ་རུ་འབར།（火と燃える）

例題

1. ཆུ་རུ་འཁྱིལ།
2. འོད་དུ་འཚེར།
3. སེམས་སུ་ཤེས།
4. སྒྲོག་ཏུ་འཁྱིག།

［5］ཚེ་སྐབས།（時の助辞）於格の特殊用法。時を示す副詞句になったもの。

དེ་རིང་ཉི་མ་འདི་ལ།（今日の，この日に）

例題

1. སྔོན་དུས་སུ་སངས་རྒྱས་བྱོན། ད་ལྟའི་དུས་སུ་བླ་མ་བཞུགས། མ་འོངས་པའི་དུས་སུ་བྱམས་པ་འབྱོན།།

2. རྟག་ཏུ་དགེ་བ་བྱས།　　3. རྒྱུན་དུ་ཆོས་བསླབ།

［6］བྱེད་པ་པོ།（具格）の用法 Appendix II - 6

ཀྱིས་　གིས་　གྱིས་　-འིས་　-ས་　ཡིས་

ཀྱིས་は ད་ བ་ ས་の後に

གིས་は ག་ ང་の後に

གྱིས་は ན་ མ་ ར་ ལ་の後に

-འིས་ -ས་ ཡིས་はའ་と མཐའ་མེད་の後に接続する。

མིག་གིས་མཐོང་།（目によって見る）

例題

1. ལག་པས་བཟུང་།　　2. ཤིང་གིས་མནན།　　3. རྡོ་ཡིས་བརྡུང་།

4. དེ་དག་ལ་ནི་བདག་གི་ཤ་དང་ཁྲག་གིས་མཆོད་དོ།

note: 他動詞の主語を表すときはサンスクリット語のように具格を用いる。また，一つの文で自動詞と他動詞が混合されている時は，その主語は具格にならない。

e.g. ཁྱོད་ཀྱིས་སྐྱོང་།（あなたが守る）　ཡབ་ཀྱིས་གནང་།（父上がお与えになる）

［7］འབྲེལ་བ།（属格）Appendix I - 2

ཀྱི་　གི་　གྱི་　-འི་　ཡི་

ཀྱི་は ད་ བ་ ས་の後に

གི་は ག་ ང་の後に

གྱི་はན་ མ་ ར་ ལ་の後に

-འི་ ཡི་は འ་と མཐའ་མེད་の後につく。

（イ）部分と全体を表す

1. ཤིང་གི་ཡལ་ག།（木の枝）　2. ལག་པའི་སོར་མོ།（手の指）　3. བྱའི་སྡེར་མོ།（鳥の爪）

（ロ）従属を表す

1. ཡུལ་གྱི་ལྷ།（地方の神）　2. གྲོང་པའི་མི།（村の人）　3. དགོན་པའི་གྲྭ་པ།（寺の学僧）

（ハ）同一性を表す

1. རྒྱ་མཚོའི་ཆུ།（海の水，海水）　2. གསེར་གྱི་བུམ་པ།（金の瓶）

3. ཙན་དན་གྱི་ཀ་བ།（白檀の柱）

（ニ）所有を表す

1. ཕྱུག་པོའི་ནོར།（金持ちの宝）　2. རྒྱལ་པོའི་མཛོད།（王の金庫）

3. བདག་གི་སྐྱེས་དམན།（私の娘，or 妻）

［8］འབྱུང་ཁུངས།（従格）の用法 Appendix Ⅱ-10

ནས་　　ལས་

（イ）འབྱུན་ཁུངས།（生じるもと）固有のもの

1. སངས་རྒྱས་ལས་ཆོས།（仏より法［が生じる］）

2. རྒྱ་མཚོ་ལས་ནོར་བུ།（海より宝［が生じる］）

3. འོ་མ་ལས་མར།（乳より酪［が生じる］）

（ロ）དགར་བ།（比較・選択）

○同種を撰ぶ場合は ནས་ をとる。「～の中で」と訳す。

例題　1. རིན་པོ་ཆེ་ཐམས་ཅད་ཀྱི་ནང་ནས་གསེར་མཆོག།

2. ཤིང་གི་ནང་ནས་ཙན་དན་དཀོན།

○異種を撰ぶ場合は ལས་ をとる。「～より」と訳す。

例題　1. མི་ལས་ལྷ་སྐྱིད།

2. སྟག་ལས་སེང་གེ་སྟོབས་ཆེ།

（ハ）སྡུད་པ།（摂約）乃至，熟語 ～ནས་（ལས་）…བར་དུ་

例題　1. རྡོ་རྗེ་གླིང་ནས་ལྷ་སའི་བར་དུ།

2. གཅིག་ནས་བརྒྱའི་བར་དུ།

3. སྐྱེས་པ་ནས་ཤིའི་བར་དུ།

［9］ཀྱེ　འབོད་པ།（呼格）の用法 Appendix Ⅱ-11

1. ཀྱེ་སྔོན་གྱི་དུས།（ああ，太古の時代よ）

2. ཀྱེ་རྒྱལ་པོ་ཆེན་པོ།（おお，大王よ）

【余白閑談１】感嘆詞的用法としての助詞 ཀྱིས་，ཀྱི་について

動詞　＋　助詞 ཀྱིས་，ཀྱི་

上記の形で助詞 ཀྱིས་，ཀྱི་はチベット文語体直接法，会話文の中に「…したね。，…したねぇ。」の一種の感嘆詞的働きをする。

ཁྱོད་ནི་འཇམ་དཔལ་དབྱངས་ཀྱིས་བྱིན་གྱིས་བརླབས་པས་ངས་བྱིན་གྱིས་རློབ་མི་དགོས་ཀྱིས།（インド仏教史，p.119）

（お前は文殊（菩薩）によって加持されたので，私（観音菩薩）が加持する必要はないねぇ。）

བུད་མེད་ཨུཏྤལ་ལ་མཐིང་ཁའི་མདོག་ཅན་དཔྲལ་བ་ན་རིན་པོ་ཆེ་ … ཡོད་པ་ཅིག་ཡོད་ཀྱི་（インド仏教史，p.173）

（青色の蓮華の色をした，額に宝のある婦人が居ってねぇ。）

これらの用法は主に蔵外文献にみられる。

蔵外文献とは，西蔵撰述仏教関連書をいう。主にインド仏教文献からの西蔵翻訳経典を蔵内文献というに対して，チベットでチベット人により撰述された文献をさす。特に高僧の著作集が整理され，まとめられて木版刷り印刷で現存しており，この著作集をགསུང་འབུམ་（語録，全集）という。

Ⅲ　助　詞

［1］སླར་བསྡུ།　（終助詞）。反復字ともいう。これは文の終結を示す助詞で，最後の音節の後接字を反復して ོ の母音符を附した十，即ち，གོ་ ངོ་ དོ་ ནོ་ བོ་ མོ་ འོ་ རོ་ ལོ་ སོ་ と，更に母音で終わる語の後の འོ，再後接字 ད の後に用いられる ཏོ とで十一になる。日本語の「なり」「たり」「である」に当たる。

རྫོགས་ཚིག་　（完結詞）ともいわれる。Appendix Ⅱ-4

1. ག་　　རང་བཞིན་གྱིས་རྣམ་པར་དག་གོ།།　（自性からして清浄なり）
2. ང་　　སློབ་དཔོན་གྱིས་རྗེས་སུ་བཟུང་ངོ་།།　（先生によって受け入れられた）
3. ད་　　དམ་པའི་ཆོས་ལེགས་པར་བཤད་དོ།།　（正法を善説した）
4. ན་　　ཐར་པའི་ལམ་བཟང་པོ་བསྟན་པ་ཡིན་ནོ།།　（解脱の勝れた道を説いたのである）
5. བ་　　ས་བཅུ་པ་ཐོབ་བོ།།　（十地に到達せり）
6. མ་　　ཏིང་ངེ་འཛིན་ཀུན་དུ་བསྒོམ་མོ།།　（三昧を堅く修したり）
7. འ་　　ཤར་ཕྱོགས་སུ་འགྲོའོ།།　［འ་またはམཐའ་མེད་の後］（東の方に行く）
8. ར་　　སེམས་ཅན་གྱི་དོན་བྱེད་པར་འགྱུར་རོ།།　（衆生の利益をなすであろう）
9. ལ་　　བདུད་ཀྱི་སྡེ་ལས་རྣམ་པར་རྒྱལ་ལོ།།　（悪魔の群を征服した）
10. ས་　　སྟོང་པ་ཉིད་ཀྱི་དོན་མ་ནོར་བར་རྟོགས་སོ།།　（空性の意味を間違いなく理解する）
11. ད་དྲག་　　ཐར་པའི་ལམ་བཟང་པོ་བསྟནད་ཏོ།།　（解脱の勝れた道を説いた）

［2］རྒྱན་སྡུད།　（飾詞）Appendix Ⅰ-4，Appendix Ⅱ-7

接続の助詞で ཀྱང་，འང་，ཡང་།の三つがあり，「もまた」「でさえも」「たとえ…と雖も」「復」の意味に用いられる。サンスクリット語のapiに相当。

ཀྱང་　　ག་ ད་ བ་ ས་と ད་དྲག་の後につく。

འང་　　འ་とམཐའ་མེད་の後につき，文字の間には ཚེག་を打たない。

ཡང་　　ང་ ན་ མ་ ར་ ལ་の後につく。

（イ）ཆིག་རྒྱན། 接続の副詞として「また」「且つ」「もまた」等に当たる。

(i) 一致する前後の語句を連続し，また，同一の語を重ねる場合（མཐུན་པ་ 相応）

e.g. དཀར་ཡང་དཀར།（白くも亦白い）

མཛེས་ཀྱང་མཛེས།（美しくも亦美しい）

(ii) ある事柄の上に他の事柄を添加する場合（མི་མཐུན་པ་ 不相応）

e.g. གདོང་པ་དཀར་ཡང་སེམས་པ་ནག།（顔は白いけれども心は黒い）

（ロ）དགར་བ།（比較・選択）

e.g. དཔོན་པོ་ཡང་ཕྱག་འབུལ་ཞུ་དགོས་ན་གཡོག་པོ་ལྟ་ཅི་སྨོས།

（主人と雖も敬礼すべきなり，況んや下僕をや）

例題 1. འདམ་ལས་སྐྱེས་ཀྱང་འདམ་གྱིས་མ་གོས།

2. ལེགས་བཤད་བྱིས་པ་དག་ལས་ཀྱང་། མཁས་པ་རྣམས་ནི་ཡོངས་སུ་ལེན།

3. དྲི་ཞིམ་འབྱུང་གནས་རི་དྭགས་ཀྱི། ལྟེ་བ་ལས་ཀྱང་གླ་རྩི་ལེན།།

［3］ལྷག་བཅས། （具余）論述がまだ終わらずに，余りがあるところから具余という。接続の助詞で動詞の連続体にも用いられる。「…して，そして」のような連続体と「…とは即ち」のような同格とに用いる。དེ་，ཏེ་，སྟེ་の三種がある。Appendix Ⅰ-3，Appendix Ⅱ-8

དེ་ ད་の後につく。

ཏེ་ ན་ ར་ ལ་ ས་とད་དྲག་の後につく。

ཡང་ ང་ ན་ མ་ ར་ ལ་の後につく。

ལམ་བསྟན་ཏེ་འཁྲིད།（道を示して導く）

例題

1. ཐལ་མོ་སྦྱར་ཏེ་ཞུས། 2. ནོར་མཚལ་ཏེ་རྙེད། 3. ལས་བྱས་ཏེ་གྲུབ།

4. ཤ་བཅད་དེ་ཟ། 5. ལག་པ་གཡུག་སྟེ་འགྲོ། 6. ཆབ་འཐུང་སྟེ་བཟི།

7. གྲི་རྒྱབ་སྟེ་བསད། 8. རྩོད་པ་ཕམ་སྟེ་བྲོས། 9. སེམས་དགའ་སྟེ་སོང་།

note: ཞིང་ ཅིང་ ཤིང་については，動詞の章（p.46）参照

［4］འབྱེད་སྡུད། （開摂）語尾の字を重ねて，それに མ་を添加して作る。གམ་ ངམ་ དམ་ ནམ་ བམ་ མམ་ འམ་ རམ་ ལམ་ སམ་ ཏམ་の十一字。「あるいは」「もしくは」等の接続副詞で語と語を結合する。また，文尾に置かれると「…かどうか」の疑問を示す助詞となる。Skt.のvāに当たる。འམ་助詞という。Appendix Ⅱ-9

（イ）འབྱེད་པ། （開）一を個々に開く義。

1. འགྲོ་བ་ནི་དྲུག་སྟེ། ལྷའམ། ལྷ་མ་ཡིན་ནམ། མིའམ། དུད་འགྲོའམ། ཡི་དྭགས་སམ། དམྱལ་བ་ལྟ་བུའོ།།

（趣は六であって，天，或いは阿修羅，或いは人，或いは傍生，或いは餓鬼，或いは地獄の如くである。）

（ロ）སྡུ་པ། （摂）二以上の語句を一分に摂める義。

2. ལྷའམ། ལྷ་མ་ཡིན་ནམ། མིའམ། དུད་འགྲོའམ། ཡི་དྭགས་སམ། དམྱལ་བ་རྣམས་ནི་འགྲོ་བའོ།།

（天と及び阿修羅と及び人と及び傍生と及び餓鬼と及び地獄等は趣である）

（ハ）疑問と質問

3. ཡིན་ནམ། མིན་ནམ། （有りや無しや）　　4. ཡོད་དམ། མེད་དམ། （有なりや無なりや）

［5］ནི། 助詞　ནིは語と語との間に置かれ，実際の意味はなく，強調（བརྣན་པ）と分離（དགར་བ་）とを示すのみである。また，偈頌においては句調を整えるための置字となる。Appendix Ⅱ-12

（イ）བརྣན་པ།（強調）

例題　1. མི་ལུས་ནི་ཐོབ།　　2. རིག་པ་ནི་མཁས།

（ロ）དགར་པ།（分離）

例題　1. ཉི་མ་ནི་ཟླ་བ་ལས་འོད་ཆེ།　　2. ཟླ་བ་ནི་སྐར་མ་ལས་འོད་གསལ།

［6］དང་ 英語のand，Skt.のcaに当たる接続詞であり，日本語の「と」「また」等に当たるが，更に理由（རྒྱུ་མཚན་），時（ཚེ་སྐབས་），命令（གདམས་ངག）等を示すのに用いられる。Appendix Ⅱ-13

（イ）སྡུད་པ། （摂）「～と…」　熟語の中で使われる（下記 idiom 参照）

例題　1. དཔོན་གཡོག་འཁོར་དང་བཅས་པ།

（ロ）འབྱེད་པ། （開）

例題　2. འགྲོ་བ་ནི་རིགས་དྲུག་སྟེ། ལྷ་དང་། ལྷ་མ་ཡིན་དང་། མི་དང་། དུད་འགྲོ་དང་། ཡི་དྭགས་དང་། དམྱལ་བ་རྣམས་སོ།།

（ハ）རྒྱུ་མཚན།（理由・原因）

例題　3. དུ་བ་ཡོད་པ་དང་མེ་ཡོད་པར་ཤེས།

（ニ）ཚེ་སྐབས།（時）時間的位態「～すると～する」

例題　4. ཟླ་བ་དང་པོ་ཤར་བ་དང་བོད་ལ་འགྲོ་རྒྱུ་ཡིན།

（ホ）གདམས་ངག（命令）「～せよ」

例題　5. གདམས་ངག་འདི་ལེགས་པར་ཉན་ནས་ཡིད་ལ་ཟུངས་ཤིག་དང་ངས་བསྟན་པར་བྱའོ།།

6. ལེགས་པར་སློབས་དང་། ཡིད་ལ་གཟུངས་དང་། མི་དགེ་བ་སྤོངས་དང་། ཁྱོད་ཐར་པ་འཐོབ་པར་འགྱུར་རོ།།

དང་を含む idioms

1) ・・དང་བཅས་པ་　…を具有した

2) ・・དང་ལྡན་པ་　…を伴った，を具有した

3) ・・དང་མཇལ་བ་　…と出会う

4) ・・དང་མཉམ་པ་　…と等しい

5) ・・དང་འབྲལ་བ་　…を離れた

6) ・・དང་འབྲེལ་བ་　…と結びついた

7) ・・དང་མཚུངས་པ་　…と等しい

8) ・・དང་ལྷན་ཅིག་ཏུ་　…と一緒に

練習問題

1) རྒྱལ་པོ་མྱ་ངན་མེད་ཀྱི་ལོ་རྒྱུས་ཀྱི་སྐབས་ཏེ་དྲུག་པའོ།།（インド仏教史 p.33）

2) ཡོངས་སུ་མྱ་ངན་ལས་འདས་པ་ཞེས་བགྱི་བ་འདི་ནི་དེ་བཞིན་གཤེགས་པ་རྣམས་ཀྱི་ཐབས་ལགས་ཏེ། དེ་ཅིའི་སླད་དུ་ཞེ་ན། བཅོམ་ལྡན་འདས་དེ་བཞིན་གཤེགས་པ་དགྲ་བཅོམ་པ་ཡང་དག་པར་རྫོགས་པའི་སངས་རྒྱས་རྣམས་ནི་མྱ་ངན་ལས་འདས་པ་བརྙེས་པས་ཡོན་ཏན་བསམ་གྱིས་མི་ཁྱབ་པ་དང་ལྡན་པ་ལགས་ལ།（勝鬘経，北京版 f.269a6）

3) མིག་གིས་གཟུགས་རྣམས་མི་མཐོང་ཞིང་། ཡིད་ཀྱིས་ཆོས་རྣམས་མི་ཤེས་ཏེ།

4) ཆོས་ནི་གཉིས་ཏེ། འདུས་བྱས་སམ། འདུས་མ་བྱས་སོ།།

5) ཐབས་གཞན་མེད་དམ་བྱས་པ་ན། དཔལ་ཚོད་ལྷའི་ཕ་རོལ་ཏུ་ཕྱིན་ན་ཐར་ཟེར་ཡང་།

6) ས་བོན་ནི་བཏབ་ན་འདི་ལས་མྱུ་གུ་འབྱུང་ངམ་མི་འབྱུང་།

7) འདི་ནི་ཁྱེད་པར་ཡིན་ཏེ།

8) ལྷ་རྣམས་ལས་གདོང་བཞི་དང་ལྡན་པ་ནི་ཚངས་པའོ།།

9) དགྲ་བཅོམ་པ་རྣམས་དང་རང་སངས་རྒྱས་རྣམས་ནི་ཡོན་ཏན་ཐམས་ཅད་དང་ལྡན་པ་མ་ལགས་པའི་སླད་དུའོ།།

10) སྣང་བར་བྱ་བ་ནི་སྣངས།

11) གཞན་དོན་ལ་འདང་རང་དོན་དང་འདྲ་བར་ལྟ་བ།

12) བཤད་ཚུལ་གཞན་དང་མི་མཐུན་པ།

13) སེམས་ཅན་སྣ་ཚོགས་པ་དང་འདྲ་བའི་གཟུགས་འཛིན་རྟེན་པ་དང་ལྷན་ཅིག་ཏུ་གནས་པའི་བྱང་ཆུབ་སེམས་དཔའི་རྣམས་

14) དེ་ནས་བཅོམ་ལྡན་འདས་ཀྱིས་འཇམ་དཔལ་གཞོན་ནུར་གྱུར་པ་ལ་བཀའ་སྩལ་པ། འཇམ་དཔལ་ཁྱོད་ལི་ཙ་བྱི་དྲི་མ་མེད་པར་གྲགས་པའི་ནད་འདྲིར་སོང་ཤིག། （維摩経4-1, デルゲ版. f.197b7）

【余白閑談２】チベット文字の成立

ソンツェンガンポ（སྲོང་བཙན་སྒམ་པོ་ ： 581 – 649）は，７世紀にチベットを初めて統一した王で，自国の文化の発展のために仏教を導入するとともに，チベット文字を制定した。伝承によれば，王は文字を導入するためにトンミサンボータ（ཐོན་མི་སམ་བྷོ་ཊ་）ら16人をインドに派遣したとされる。彼らは帰国後にチベット文字を作成し，30の基字と４つの母音記号の組合せによる綴字法を考案した。

チベット文字は，インドで使用されていたブラーフミー文字の系統に属するグプタ文字をもとにしているといわれるが，母音ｉ，ｕ，ｅ，ｏに個別の文字を用いず，ａ字に母音記号をつけて表記するのはコータン語の特徴であるとの指摘もある。

【写真提供】上下：大正大学綜合仏教研究所

Ⅳ　代名詞

［1］人称代名詞

1st.	2nd.	3rd.
ང་	ཁྱོད་	ཁོ་
བདག་		ཁོ་མོ་ (f.)
ངེད་ (hon.)	ཁྱེད་ (hon.)	ཁོང་ (hon.)
ཁོ་བོ་ (m.)		ཁོང་མོ་ (hon. f.)
ཁོ་མོ་ (f.)		དེ་
ང་བདག་		
ང་རང་	ཁྱོད་རང་	ཁོ་རང་
ང་ཉིད་	ཁྱོད་ཉིད་	ཁོ་ཉིད་
ངེད་རང་ (hon.)	ཁྱོད་རང་ (hon.)	ཁོང་རང་ (hon.)
ངེད་ཉིད་ (hon.)		ཁོང་ཉིད་

複数を示す場合は ཅག་ དག་ རྣམས་ ཚོ་ ཅག་རྣམས་等の複数記号を付ける。

ང་ཅག་	ཁྱོད་ཅག་	ཁོ་ཅག་
ང་ཚོ་ (ང་རང་ཚོ་)	ཁྱོད་ཚོ་ (ཁྱོད་རང་ཚོ་)	ཁོ་ཚོ་ (ཁོ་རང་ཚོ་)
	ཁྱོད་རྣམས་	ཁོ་རྣམས་
ང་ཅག་རྣམས་	ཁྱོད་དག་རྣམས་	དེ་དག་ དེ་དག་རྣམས་

［2］དེ། 指示代名詞。近称の འདི་（此れ）と遠称の དེ་（それ，あれ）とがある。「その」「この」のように形容詞的に用いられるときは，指示される名詞の後に置かれる。Appendix Ⅱ-14

（イ）ཟ་སྙད།（指示代名詞）

(i) ལྷག་བཅས། （具余，接続）

e.g. ཤིང་བཅད་དེ་མེ་ལ་འབུད། （木を折って，火を燃やす）

(ii) ངེས་གཟུང་། （確言）

e.g. ཀ་བ་རིང་པོའོ། དེ་ཕྲའོ། དེ་ལ་ཟུར་ཡོད་དོ།། （柱は長い，それは細い，それには角がある）

(iii) རྣམ་གྲངས་གཞན་བརྗོད་པ། （異門を述べる）

e.g. དེ་ལ་ཡི་གེ་བྲིས་ཤིག། （それに文字を書きなさい）

［異門とは同義語のことで，この場合 དེ་ は紙，或いは布を指すことをいう］

（ロ）དངོས་པོ། （状態）

(i) བདག་གི་དངོས་པོ། （自分の状態）

e.g. ཁོ་བོའི་གླེགས་བམ་དེ་ཀློགས་ཤིག། （私のその書物を読みなさい）

(ii) གཞན་གི་དངོས་པོ། （他人の状態）

e.g. རྡོ་བ་དེ་འདེགས་ནུས་སམ། （その石を持ち上げることが出来るのか）

(iii) གསང་བའི་དངོས་པོ། （隠密の状態）

e.g. དེ་མ་སྨྲོན་ཅིག （それを説くなかれ）

(iv) དེ་ཁོ་ན་ཉིད་ཀྱི་མངོས་པོ། （真如の状態）

e.g. དེ་རང་ཡིན་ནོ། （まさしくそのものである）

（ハ）དུས། （時）

(i) འདས་པ། （過去）

e.g. ན་ནིང་གི་ལོ་དེ་ལ། （昨年のその年に）

(ii) མ་འོངས་པ། （未来）

e.g. སང་ཉི་མ་ཤར་བའི་དུས་དེར་འགྲོའོ།། （明日太陽が昇るその時に行くであろう）

note: 現在の時を示すのには འདི་ を使う。

དེ་，འདི་を含む副詞句等の熟語

དེ་ནས་	それから	འདི་སྐད་	このように	དེ་ལ་	その時に，そのうち
འདི་ལྟ་སྟེ་	次のようであって	དེ་ལྟ་ན་	そのようならば	དེ་ལྟ་བས་ན་	それによって
དེ་ལྟ་བུ་	そのような	དེ་ལྟར་	そのように	དེ་བས་ན་	それ故に
དེ་ཙམ་དུ་	それ程に	དེ་བཞིན་ཉིད་	真如性	དེ་བཞིན་དུ་	同様に
དེ་བཞིན་གཤེགས་པ་	如来	དེ་ཡང་	それもまた	དེ་རིང་	今日
འདི་ལྟར་	このように	འདི་འདྲ་བ་	かくのごとき		

［3］གང་། སྤྱི་ཁྱབ་པོ། （総遍満・不定称）疑問代名詞・関係代名詞 Appendix II-15

疑問代名詞は ཅི་ ཇི་ སུ་ གང་の四で，ཅི་は「何」に当たり，ཇི་は度量・例証を問うのに用い，英語のhowに相当する。སུ་は人間に関し，གང་は一般に用いられる。関係代名詞は疑問代名詞を用い，多く指示代名詞の དེ་と関係的に用いる。

（イ）ཅི་は ཞིག་ སྟེ་ སླད་ འདྲ་ ཕྱིར་と共に用い，目的を示す。

ཅི་ཞིག （何か）　ཅི་སླད། （何のために）　ཅི་སྟེ། （何として）

ཅི་འདྲ། （如何に）　ཅི་ཕྱིར། （何故に）

（ロ）ཇི་は སྙད་ སྲིད་ སྐད་ བཞིན་ ལྟར་を伴い，例と時と量を示す。

ཇི་སྲིད། （～の限りは）　ཇི་སྐད། （何々は）　ཇི་བཞིན། （何々の如く）

ཇི་ལྟར། （何々のように）　ཇི་ཙམ། （何々程）　ཇི་ཞིག་ན། （如何に）

（ハ）སུ་　人に用いる。

མི་སུ་ཡིན། （彼は誰か）　སུ་དང་སུ་ཡིན་ན་ཡང་། （誰と誰とであっても）

（ニ）གང་　一般（何，何処，何者，何れ）。

1. ལས་གང་དང་གང་བྱས་ན་ཡང་། （如何なる業をなすとも）
2. གདུལ་བྱ་གང་དང་གང་ལ། （何れの所化にも；すべての教化すべきものに）
3. གང་ནས་ཡོང་། （何処より来たのか）
4. གང་དུ་འགྲོ （何処へ行くのか）

（ホ）不定代名詞（だれかある者，なにかあるもの）

གང་ཞིག་	だれかある者，なにかあるもの	གང་ཡང་	何，誰であれ
འགའ་ཞིག་	だれかある者，なにかあるもの		
ཅི་ཞིག་	なにかあるもの	ཅི་ཡང་	何であれ
ནམ་ཞིག་	ある時	ནམ་ཡང་	いつであれ
འབའ་ཞིག་	ただ…だけに	…ཅིག་，ཞིག་，ཤིག་	ある…
ལ་ལ་	だれかある者		

（ヘ）関係代名詞

གང་ཡང་དམན་པར་འགྱུར་བའི་གནས་དེ་ཅི། （劣った状態になること，その原因はなにか）

例題　1. ངན་པ་ཕལ་ཆེར་རང་གི་སྐྱོན་གང་ཡིན་པ་དེ་གཞན་ལ་འགོད་པར་བྱེད།

2. སུ་མི་འདི་གསོད་པ་དེ་ལ་སྡིན་ནོ།།

3. ང་རྣལ་འབྱོར་པ་ལམ་དུ་ཞུགས་པ་ཅིག་ཡིན།

［4］མ་མི་མེད་མིན། དགག་སྒྲ། （否定詞） Appendix II -17

（イ）མ་と མི་は前に。

1. མ་ཤེས་ （知らず）　　མ་རིག། （理解せず）　　མ་གོ་ （了解せず）　　མ་མཐོང་ （見ず）

2. མི་འགྲོ་ （行かず）　　མི་འདུག་ （在らず）　　མི་ཡོང་ （来らず）　　མི་ཤེད་ （強からず）

（ロ）མིན་と མེད་は後に。

ལྷ་མིན། （非天）　　　　　　　མི་མིན། （人に非ず）

གཟུགས་མེད། （無色）　　　　　སྒྲ་མེད། （無言）

（ハ）མ་は中間にあって，前と後ろを打ち消す。

རྒྱ་མ་བོད། （インド人でなくチベット人でもない）

ར་མ་ལུག （山羊でなく羊でもない）

練習問題

1) ངས་ཁྱོད་ལ་བཤད་དོ།།

2) རིགས་ཀྱི་བུ་ཁྱོད་ཀྱིས་དགེ་བའི་བཤེས་གཉེན་ལ་བསྟེན་པར་བྱའོ།།

3) དེ་ཐོས་པས་ཁྱོད་སླར་འཁོར་བར་མི་འཁོར་རོ།།

4) དེ་བས་ན་ཁྱེད་ཐམས་ཅད་ཀྱིས་ནན་ཏན་བསྐྱེད་དེ་དེ་དག་བསྲུང་བར་གྱིས་ཤིག།

5) དེ་ནས་ཉན་ཐོས་ཆེན་པོ་དེ་དག་ཇུ་འཕྲུལ་གྱི་ཆོ་འཕྲུལ་གྱིས་མེ་ཏོག་དེ་དག་སྤྲུགས་ཀྱང་མ་ལྷུང་ངོ་།།

（維摩経 6-7，デルゲ版. f.211a1）

6) འདི་དག་ནི་མིའི་ཡུལ་ན་མེད་པས་ཁོ་བོས་ནི་མི་ཤེས་ཏེ། དེའི་དོན་དུ་འདོད་པའི་ལྷ་སྤྲུབས་ཤིག་གསུང་བས། （インド仏教史 p.145）

7) བྱང་ཆུབ་སེམས་དཔའི་སྤྱོད་པ་ལ་འཇུག་པ་གསུངས་ཏེ། གང་ཚེ་དངོས་དང་དངོས་མེད་དག། བློ་ཡི་མདུན་ན་མི་གནས་པ། ཅེས་པའི་ཚིག་མཚམས་ནས་ནམ་མཁའ་ལ་འཕར་ཞིང་གཤེགས་ནས། སྐུ་ལུས་མི་སྣང་ཡང་གསུང་གི་སྣང་མ་ཆད་པ་བྱུང་སྟེ། སྤྱོད་འཇུགས་པར་གསུངས་སོ།།

（インド仏教史 p.127）

8) ཇོ་བོའི་ཞལ་ནས་ངས་ཀྱང་ངའི་བླ་མ་ཨ་བ་དྷཱུ་ཏི་ཆེན་པོ་ལ། རྣལ་འབྱོར་དཔྱོད་པའིདབུ་མ་འཛིན་པའི་རྒྱུ་ཅི་ལགས་ཞུས་པས། བླ་མའི་ཞལ་ནས་ངས་འདིའི་སྒོ་ནས་ཆོས་མཐོང་བ་ཡིན་པས་ཁྱོད་ཀྱང་འདི་བཟུང་ཞིག་གསུངས་ནས་བཟུང་བ་ཡིན།（アティーシャ伝，デルゲ版 f.24b5）

【余白閑談３】『翻訳名義集』について

仏教を積極的に取り入れた古代チベット王朝，吐蕃王国では王（ティデ・ソンツェン 777-815）の勅命によって，サンスクリット語のチベット訳の統一化が図られ，訳語が欽定化された。訳す方法も決めた。これによって訳語がほぼ統一され，種々なチベット語に訳されることはなかった。この欽定語はチベット大蔵経のなかに収載されたために現存している。『翻訳名義集』といわれ，大・中・小３種あるとされている。そのうち大はབྱེ་བྲག་ཏུ་རྟོགས་པར་བྱེད་པ། （分解，or 翻訳名義大集，東北目録No.4346，北京目録No.5832），中はསྒྲ་སྦྱོར་བམ་པོ་གཉིས་པ།（語合二章，東北目録No.4347，北京目録No.5833）。小は不明。

東北目録とは西康省，デルゲで開版されたチベット大蔵経（東北大学所蔵のもの）のカタログ。北京目録とは北京で開版されたチベット大蔵経（大谷大学所蔵のもの）のカタログ。

V　数　詞

［１］基数［数詞は形容詞として扱われる］

1(༡)	གཅིག་	14(༡༤)	བཅུ་བཞི་
2(༢)	གཉིས་	15(༡༥)	བཅོ་ལྔ་
3(༣)	གསུམ་	16(༡༦)	བཅུ་དྲུག་
4(༤)	བཞི་	17(༡༧)	བཅུ་བདུན་
5(༥)	ལྔ་	18(༡༨)	བཅོ་བརྒྱད་
6(༦)	དྲུག་	19(༡༩)	བཅུ་དགུ་
7(༧)	བདུན་	20(༢༠)	ཉི་ཤུ་ or ཉི་ཤུ་ཐམ་པ་
8(༨)	བརྒྱད་	21(༢༡)	ཉི་ཤུ་རྩ་གཅིག་ or ཉེར་གཅིག་
9(༩)	དགུ་	22(༢༢)	ཉི་ཤུ་རྩ་གཉིས་ or ཉེར་གཉིས་
10(༡༠)	བཅུ་	30(༣༠)	སུམ་ཅུ་ or སུམ་ཅུ་ཐམ་པ་
11(༡༡)	བཅུ་གཅིག་	33(༣༣)	སུམ་ཅུ་རྩ་གསུམ་ or སོ་གསུམ་
12(༡༢)	བཅུ་གཉིས་	40(༤༠)	བཞི་བཅུ་ or བཞི་བཅུ་ཐམ་པ་
13(༡༣)	བཅུ་གསུམ་	44(༤༤)	བཞི་བཅུ་རྩ་བཞི་ or ཞེ་བཞི་

50(༥༠)	ལྔ་བཅུ་ or ལྔ་བཅུ་ཐམ་པ་	55(༥༥)	ལྔ་བཅུ་རྩ་ལྔ་ or ང་ལྔ་
60(༦༠)	དྲུག་ཅུ་ or དྲུག་ཅུ་ཐམ་པ་	66(༦༦)	དྲུག་ཅུ་རྩ་དྲུག་ or རེ་དྲུག་
70(༧༠)	བདུན་ཅུ་ or བདུན་ཅུ་ཐམ་པ	77(༧༧)	བདུན་ཅུ་རྩ་བདུན་ or དོན་བདུན་
80(༨༠)	བརྒྱད་ཅུ or བརྒྱད་ཅུ་ཐམ་པ	88(༨༨)	བརྒྱད་ཅུ་རྩ་བརྒྱད་ or གྱ་བརྒྱད་
90(༩༠)	དགུ་བཅུ་ or དགུ་བཅུ་ཐམ་པ་	99(༩༩)	དགུ་བཅུ་རྩ་དགུ་ or གོ་དགུ་
100(༡༠༠)	བརྒྱ་ or བ་རྒྱ་ཐམ་པ་	101(༡༠༡)	བརྒྱ་དང་གཅིག་
199(༡༩༩)	བརྒྱ་དང་གོ་དགུ་	200(༢༠༠)	ཉིས་བརྒྱ་ or ཉིས་བརྒྱ་ཐམ་པ་

1000(༡༠༠༠)　སྟོང་　སྟོང་ཕྲག་　སྟོང་ཕྲག་གཅིག་　གཅིག་སྟོང་　ཆིག་སྟོང་

2000(༢༠༠༠)　སྟོང་ཕྲག་གཉིས་　ཉིས་སྟོང་

1万	ཁྲི་	ཁྲི་ཕྲག་	ཁྲི་ཕྲག་གཅིག་	ཁྲི་གཅིག་	ཆིག་ཁྲི་
10万	འབུམ་	འབུམ་ཕྲག་གཅིག་	འབུམ་ཚོ་གཅིག་	འབུམ་གཅིག་	ཆིག་འབུམ་
100万	ས་ཡ་	ཁྲག་ཁྲིག་			
千万	བྱེ་བ་				
100万	དུང་འགྱུར་	དུང་ཕྱུར་			

例題　1. དགེ་སློང་སྟོང་ཉིས་བརྒྱ་ལྔ་བཅུའི་དགེ་སློང་གི་དགེ་འདུན་ཆེན་པོ།།

2. སངས་རྒྱས་ཀྱི་ཞིང་འདི་ནས་ནུབ་ཕྱོགས་ལོགས་སུ་སངས་རྒྱས་ཀྱི་ཞིང་བྱེ་བ་ཁྲག་ཁྲིག་འབུམ་འདས་པ་ན་འཇིག་རྟེན་གྱི་ཁམས་བདེ་ཅན་ཞེས་བྱ་བ་ཡོད་དོ།།

［2］序数

序数は基数の次にཔ་を附加して作るが，第一は དང་པོ་を用いる。

དང་པོ་	གཉིས་པ་	གསུམ་པ་	བཞི་པ་	ལྔ་པ་	དྲུག་པ་
བདུན་པ་	བརྒྱད་པ་	དགུ་པ་	བཅུ་པ་	བཅུ་གཅིག་པ་	ཉི་ཤུ་རྩ་ལྔ་པ་
དགུ་བཅུ་རྩ་བརྒྱད་པ་		བརྒྱ་པ་　等			

例外として基数の次に པ་を附加して所有を表すことがある。

འཕགས་པ་སྤྱན་རས་གཟིགས་དབང་ཕྱུག་ཞལ་བཅུ་གཅིག་པ་ཞེས་བྱ་བའི་གཟུངས།

（聖観自在十一面と名づくる陀羅尼）東北No.899「十一のお顔を持つ」の意味

［3］倍数，分数，その他

（イ）倍数は基数に ལྡབ་を附加する。

གཉིས་ལྡབ་（２倍）　　　　བཅུ་ལྡབ་（１０倍）

（ロ）分数は基数に ཆ་を附加する。

གསུམ་ཆ་ or གསུམ་ཆ་གཅིག་（３分の１）

གསུམ་ཆ་གཉིས་（３分の２）

བརྒྱའི་ཆ་（１００分の１）

（ハ）半数を表すときは梵語に同じ。

ཕྱེད་དང་གསུམ་（二つ半，半分を加えて三の意）

（ニ）各別或いは自乗を表すときは基数を反復する。

གསུམ་གསུམ་（３つづつ，或いは３×３）

ཞག་བདུན་བདུན་ན་མཆོད་པ་ཆེན་པོ་གྱིས་ཤིག་ཟེར་ཏེ།「四十九日大供養をなせ」と言って，

［４］十干十二支　木・火・土・金・水の五元にཕོ་（男），མོ་（女）＝（干支に相当）を続けて十干にする。

ཤིང་ 木		མེ་ 火		ས་ 土		ལྕགས་ 金（鉄）		ཆུ་ 水		
ཕོ་ 甲	མོ་ 乙	ཕོ་ 丙	མོ་ 丁	ཕོ་ 戊	མོ་ 己	ཕོ་ 庚	མོ་ 辛	ཕོ་ 壬	མོ་ 癸	
1024		976		988		1000		1012		བྱི་ 子
	1025		977		989		1001		1013	གླང་ 丑
1014		1026		978		990		1002		སྟག་ 寅
	1015		1027		979		991		1003	ཡོས་ 卯
1004		1016		1028		980		992		འབྲུག་ 辰
	1005		1017		1029		981		993	སྦྲུལ་ 巳
994		1006		1018		1030		982年		རྟ་ 午
	995		1007		1019		1031		983	ལུག་ 未
984		996		1008		1020		1032		སྤྲེལ་ 申
	985		997		1009		1021		973	བྱ་ 酉
974		986		998		1010		1022		ཁྱི་ 戌
	975		987		999		1011		1023	ཕག་ 亥

山口瑞鳳『チベット語文語文法』p.46参照

མར་པའི་བཞི་བཅུ་རྩ་བརྒྱད་པས་ས་མོ་ཕག་ལ་རྔོག་ལོ་ཙཱ་བ་བློ་ལྡན་ཤེས་རབ་འཁྲུངས། མར་པས་ལོ་ཉི་ཤུ་བཞེས་པ་ལྕགས་མོ་ལུག་ལ་པོ་ཏོ་བ་འཁྲུངས།
（マルパの四十八歳で己亥＜つちのとい＞の年にゴク・ローデン・シェーラプがお生まれなされた。マルパが二十歳に達せられた時，辛未＜かのとひつじ＞にポトワがお生まれなされた。）（青史 ña4a2）

練習問題

1) དེ་ལ་ཇོ་བོ་རྗེ་ནི་གུང་སྟེང་ཆུ་ཕོ་རྟ་ཡིན་པས་ལྔ་བཅུ་རྩ་དགུ་པ་ལྕགས་ཕོ་འབྲུག་གི་ལོ་ལ་རྒྱ་གར་ནས་བཏེག། ལྕགས་མོ་སྦྲུལ་གྱི་ལོ་བལ་ཡུལ་དུ་ཞུགས། མངའ་རིས་སུ་ཆུ་ཕོ་རྟ་ལ་ཕེབས་པ་ཡིན། （青史 ca3b6）

2) ཇོ་བོས་ཁོ་བོ་དབུས་སུ་འགྲོ་དེར་ངེད་ཀྱི་ཕྱི་ལ་ལོ་ཙཱ་བྱེད་པ་ལ་འབྱོན་དགོས་གསུངས་པས། ལོ་ཙཱ་བ་ཆེན་པོ་དེའི་ཚེ་དགུང་ལོ་བརྒྱད་བཅུ་རྩ་ལྔ་པ་ཡིན་པས། དབུ་ཞྭ་ཕུད་ནས་ཁོ་བོའི་མགོ་བོ་འདི་བཞིན་དུ་གོང་བས་ཕྱུགས་ཕྱི་མི་ནུས་ཤེས་ཞུས། ལོ་ཙཱ་བ་ཆེན་པོ་དེ་ལ་ཇོ་བོ་ཉིད་མ་གདོགས་པའི་པཎྜི་ཏའི་བླ་མ་དགུ་བཅུ་ཐམ་པ་ཡོད་ཟེར （青史 ca4b6）

3) སྟེང་དུ་སེམས་ཅན་ཐམས་ཅད་ཀྱིས་གྱེན་དུ་ལྷ་བར་འགྱུར་བར་བྱའོ་ཞེས་གསུངས་ཏེ། གོམ་པ་བདུན་བདུན་བོར་བ་དང་པད་མ་བྱུང་ངོ༎ （仏教史，デルゲ版 57b2）

4) ཏྲི་པཱ་ལའི་བུ་རྒྱལ་པོ་རཱ་མ་པཱ་ལ་ཡིན་ཏེ། གཞོན་ནུ་ཉིད་ལ་རྒྱལ་སྲིད་དུ་བསྐོས་པས་ཀྱང་བློ་གྲོས་ཤིན་ཏུ་ཆེ་ཞིང་། མངའ་ཐང་ལྷག་པར་རྒྱས་པ་ཅིག་བྱུང་སྟེ། དེ་རྒྱལ་སྲིད་དུ་འཁོད་ནས་མི་རིང་བ་ན། སློབ་དཔོན་ཆེན་པོ་ཨ་བྷ་ཡཱ་ཀ་ར་གུ་པྟ་རྡོ་རྗེ་གདན་གྱི་མཁན་པོར་སྤྱན་དྲངས། དེ་ནས་ལོ་མང་ཞིག་སོང་བ་ན། བི་ཀྲ་མ་ཤཱི་ལ་དང་། ནཱ་ལེནྡྲའི་མཁན་པོར་སྤྱན་དྲངས། དེ་སྐབས་སྔོན་གྱི་རིམ་པ་དང་མི་འདྲ་བར་གྱུར་ཏེ། བི་ཀྲ་མ་ཤཱི་ལར་པཎྜིཏ་བརྒྱ་དྲུག་ཅུ་ཙམ་རེ་དང་གཏན་དུ་བཞུགས་པའི་དགེ་སློང་སྟོང་རེ་ཡོད་ཅིང་། མཆོད་པ་ལ་སོགས་པའི་དུས་དུས་སུ་རབ་བྱུང་ལྔ་སྟོང་རེ་འདུ། རྡོ་རྗེ་གདན་དུ་རྒྱལ་པོས་འཚོ་བ་སྦྱར་བའི་ཐེག་ཆེན་པ་བཞི་བཅུ་རེ་དང་ཉན་ཐོས་ཀྱི་དགེ་སློང་ཉིས་བརྒྱ་རེ་རྟག་ཏུ་བཞུགས་ཤིང་། དུས་དུས་སུ་ཉན་ཐོས་ཀྱི་དགེ་སློང་ཁྲི་ཕྲག་རེ་འཚོག་པ་བྱུང་།（インド仏教史 p.189）

【余白閑談４】チベット語の敬語（ཞེ་ས་）

チベット語の敬語（ཞེ་ས་）は日本語のそれと似ているので，理解しやすい。

1．1) 普通語にたいして尊敬語（resp.=respectful）として別の単語が使われる。

代名詞　ཁྱོད་（汝）　ཁྱེད་（あなた），　ཁོ་（彼）　ཁོང་（かの方）

名詞　ལག་（手）　ཕྱག་（御手），　ཁ་（顔）　ཞལ་（お顔）

　　　རྐང་པ་（足）　ཞབས་（御足），　མིག་（眼）　སྤྱན་（御眼）

動詞　ཤེས་（知る）མཁྱེན་（ご理解なさる），　སྨྲ་（言う）　གསུང་（おおせられる）

2) 普通語の直前に尊敬語の別の単語が置かれて，普通語が尊敬語となる。

名詞　སྲོག་（命）　སྐུ་སྲོག་（御寿命），　ལོ་（年）　དགུང་ལོ་（御歳）

　　　སྨྱུ་གུ་（筆）　ཕྱག་སྨྱུ་（御筆），　ཁ་ཆད་（決定）　ཞལ་ཆད་（御決定）

動詞　རྒ་（年老いる）སྐུ་བགྲེ་（お年をとる），　འདྲེན་（招待する）　སྤྱན་འདྲེན་（招待する）

2．丁寧語（辞書には，eleg.=eleganceが表記される）

名詞，代名詞は目上の人が目下の人に尊敬語を使えば，丁寧語になる。ཁྱེད་（君）

動詞　ཡོད་（ある）　མཆིས་（あります），　ཡིན་（である）　ལགས་（です）

3．尊譲語

動詞　ཞུ་（尋ねる）　གསོལ་（申し上げる）　ཞུ་བ་འབུལ་／གསོལ་བ་འདེབས་（要請申し上げる）

VI　名詞・形容詞

チベット語は名詞・形容詞・動詞等の間に判然とした区別が存在しない。便宜上区別して述べる。

［1］名詞には元来性の別がないが，性を表す必要があるときは པ་ མ་ པོ་ མོ་等の助辞を附加する。Appendix Ⅱ-16

（イ）པ། བདག་སྒྲ（所有主接尾辞）

1. རྟ་（馬）　　2. རྟ་པ་（騎手）

（ロ）པོ། པོ་སྒྲ（男性の声）

1. སྐྱེས་པོ་（生ある者，人）　　2. གར་པོ་（舞う者）

（ハ）མ་མོ། མོ་སྒྲ（女性の声）

1. སྐྱེས་མ་（女人）　　2. གར་མོ་（舞う女）

［2］形容詞は名詞に添えて事物の性質，状態，分量，色彩等を表すが，

（イ）チベット語では形容する名詞の直後に置かれる。

མི་ངན་（悪人）　　མི་བཟང་བ་（善人）　　སྐྱེ་བོ་མང་པོ་（多くの人）

མེ་ཏོག་དམར་པོ་（赤い花）　　པདྨ་དཀར་པོ་（白い蓮華）

（ロ）時に形容詞が名詞に先立つことがある。その時はその形容詞は属格の助辞を取る。

བཟང་བའི་མི་（善い人）　　ནག་པོའི་ཁྱི་（黒い犬）

（ハ）時にこの属格の助辞を省くこともある。

བཟང་མི་（善人）　　ནག་ཁྱི་（黒犬）

（ニ）比較を表すときは ལས་ པས་ བས を附加して示す。

བདག་ལས་ཁྱོད་ཆེ། or ང་བས་ཁྱོད་ཆེ།

འདི་ལས་དེ་བཟང་། or འདི་བས་དེ་བཟང་།

（ホ）最上級を表すときは ཤོས་(skt. tama)を附す。

ལེགས་ཤོས།（最善の）　　ཆུང་ཤོས།（最小の）

Ⅶ　副　詞

副詞は一般にそれが限定する動詞，形容詞，副詞の前に置かれる。その働きは場所，時，量，性質，程度を示すのに用いられるが，その大多数は形容詞と同一の根であり，多くは ལ་དོན་རྣམ་པ་བདུན་を有し，あるものは具格助辞を取る。

（イ）場所を示すもの

དེ་ན་, དེར་, དེ་རུ་（そこに）　འདི་ན་, འདིར་, འདི་རུ་（ここに）　དེ་ནས་（それより）

འདི་ནས་（これより）　གང་དུ་（何処に）　ཀུན་ཏུ་（普く）　ཐམས་ཅད་དུ་（一切処に）

མདུན་དུ་（前に）　དྲུང་དུ་（側に）　རྒྱབ་ཏུ་（後に）

（ロ）時を示すもの

འདི་ཚེ་（この時）　དེ་ཚེ་（その時）　ད་ལྟ་（現在，今）　རྟག་ཏུ་（常に）

ཐོག་མར་（初めに）　བར་དུ་（中間に）　ཐ་མར་（終わりに）

དེ་མ་ཐག་ or དེ་མ་ཐག་ཏུ་（直ちに，～するや否や）　དེ་རིང་（今日）

ཁ་སང་（一昨日）　སང་（明日）　ད་དུང་（今尚）

ཞག་དང་ཞག་（毎日）　ཟླ་དང་ཟླ་（毎月）　ལོ་དང་ལོ་ or ལོ་རེ་（年々）

（ハ）量を示すもの

ཇི་ཙམ་（幾許）　དེ་ཙམ་དུ་（それほど）　ཡང་དུ་（多く）

ཧ་ཅང་（余りに，過多に）　ཕྱེད་（半ば）　དཔག་མེད་པར་（無量に）

（ニ）性質・程度を示すもの

ཁ་རོག་ཏུ་（静かに）　ཁྱད་པར་དུ་（殊勝に，特に）　ག་ལེ་（徐ろに）

ངོ་བོ་ཉིད་ཀྱིས་（自然に，本来）　མྱུར་དུ་（直ちに）　མགྱོགས་པར་（速やかに）

རིམ་གྱིས་（次第に）

（ホ）第一に，第二に等，順序を示すときは序数に ར་を加えて作る。

དང་པོར་（第一に）　གཉིས་པར་（第二に）　གསུམ་པར་（第三に）

Ⅷ 動 詞

チベット語の動詞には時（Tense）に現在，過去，未来の別があり，法（Mood）に直説法と命令法（勧令法）とがある。この他の条件法，可能法等は条件を示す助詞，可能を表す動詞によって表示される。

【A】直説法の現在は次の形で示される。

（1）動詞現在形の根のみで

བྱེད་（為す）　　འགྲོ་（行く）　　མཐོང་（見る）

（2）或いはこれに རྫོགས་ཚིག（完結詞）を加えて

བྱེད་དོ་　　འགྲོའོ་　　མཐོང་ངོ་

（3）不定法（Infinitive動詞の根＋པ་ or བ་）に བྱེད་，བྱེད་དོ་，འགྲུབ་等を添えて

འགྲོ་བར་བྱེད།（行く）　　ཟ་བར་བྱེད་དོ།（食す）　　འགྲོ་བར་འགྲུབ།（行き着く）

（4）次の形は現在進行形（Progressive）である。

現在の根	＋	བཞིན་ ཀྱིན་ ཀྱི་ གིན་ གི་ གྱིན་ གྱི་ འིན་ ཡིན་ འི་ ཡི	＋	འདུག་ (to exist) ཡོད་ (to exist) སྣང་ (to seem) རེད་ (to be) etc.

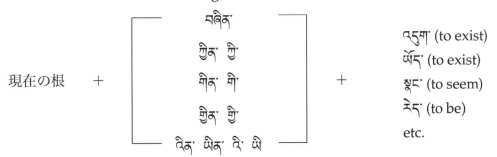

1) བྱེད་ཀྱིན་འདུག（している）

2) ཀློག་གིན་འདུག（読んでいる）

3) སྟོན་གྱིན་འདུག（教えている）

4) འགྲོ་འིན་(ཡིན) འདུག（行きつつある）

5) ངས་ལྟ་གི་(for འི or ཡི) ཡོད（私は見ている）

6) ཁྱོད་འཐོན་གྱི་འདུག（君は出発している）

note: これらの例で示された如く ཀྱིན་，གིན་等の接続法は属格の助詞と同様である。བཞིན་は いずれの རྗེས་འཇུག་にも接続する。

【B】直説法の過去

過去は一般の སྔོན་འཇུག་の変化または除去，或いは སྔོན་འཇུག་の変化に伴う མིང་གཞི་の変化，あるものは རྗེས་འཇུག་の変化，または ཡང་འཇུག་ས་の添加によって作られる過去の根（後の動詞変化表参照）をもって表す。

無変化の動詞は ཟིན་，གྱུར་，བྱུང་，སོང་，ཡིན་，འདུག་，ཚར་等の助動詞の過去形を添えて示す。時には変化する動詞にもこれらの助動詞を添えることがある。これらの助動詞は動詞の完了を表すもので，時には完了または大過去の意を示すためにこれらが用いられる。これらの助動詞は単一の形もあり，下のような複合の形もある。

གྱུར་པ་ཡིན།	གྱུར་ཟིན།	གྱུར་ཟིན་ཏོ།	ཟིན་པ་ཡིན།	ཚར་ཟིན།
ཚར་ཟིན་ཏོ།	སོང་ཚར།	སོང་བ་ཡིན། etc.		

例題　1. ཉི་མ་ཤར་སོང་།　2. ཟླ་བ་ནུབ་སོང་།　3. བདུད་བཅོམ་ཟིན།　4. ཆོས་བསྟན་པ་ཡིན།

【C】直説法の未来

(1) 動詞の未来形で示す。

現在	未来	現在	未来
འཛིན་	གཟུང་（執る，持つ）	འཇུག་	གཞུག་（入る，…せしむ）

(2) 多くの場合は不定法に助動詞 འགྱུར་を加える。

བྱེད་པར་འགྱུར།（なすであろう）　　འགྲོ་བར་འགྱུར།（行くであろう）

(3) 或いは未来の根に པར་བྱ་，བར་བྱ་を加えて示される。

བཤད་པར་བྱ།（解釈するであろう）　　མཁྱེན་པར་བྱའོ།（知るべきである）

(4) 或いは俗語には འོང་，ཡོང་を未来または現在の根に加えて示すこともあり，

ངས་དཔེ་ཆ་དེ་ཁྱོད་ལ་གཏང་ཡོང་།（ぼくはその本を君にあげよう）

(5) 或いは現在の根＋ ཀྱི་，གི་，གྱི་ …＋ འདུག་ or ཡིན་རེད་…の形が未来の意を表すこともある。

ངས་གཏོང་གི་ཡིན།（ぼくはあげようとしている）

【D】命令法

命令法は一般に動詞の命令形をもって示される。

(1) 変化形（命令形の形をとるもの）

現在	命令	現在	命令
སྨྲ་བ་（語る）	སྨྲོས་（語れ）	གཅོད་པ་（切る）	ཆོད་（切れ）
བགྱིད་པ་ or བྱེད་པ་（為す）	གྱིས་ or བྱོས་（為せ）	འཆད་（解釈す）	ཤོད་（解釈せよ）

(2) 無変化（現在形が代用されるもの）

現在	命令	現在	命令
འདུག་པ་（坐す）	འདུག་（坐せ）	གསུང་བ་（説く）	བསུང་（説け）
སྟོན་པ་（教える）	སྟོན་（教えよ）		

(3) 命令形＝過去形（過去形が代用されるもの）

འགྲོ་བ་（行く）སོང་　過，命（行け）　　　འགྱུར་བ་（なる）　གྱུར་　過，命（なれ）

以上の命令形の根のみで命令または勧令を表すこともある。

(4) 命令または勧令を示す接字 ཅིག་，ཞིག་，ཤིག་，དང་（p.20[6]）を附加する。

ཁུར་ཞིག་（運べ）　　　ཆོད་ཅིག་（切れ）　　　མཐོང་ཞིག་（見よ）　etc.

note: ཞིག་は རྗེས་འཇུག་の ང་ ན་ མ་ འ་ ར་ ལ་ と མཐའ་མེད་の次に

ཅིག་は ག་ད་བ་ と ད་དྲག་の次に

ཤིག་は ས་の次に附加せられる。 Appendix Ⅰ-5，Appendix Ⅱ-18

(5) 動詞の未来形 པར་ (or བར་) བྱ་が命令を示す（日本語の「べし」が未来にも命令にも用いられているのと等しい）

བསླབ་པར་བྱ།（学ぶべし）　　　བསླབ་は སློབ་པ་（学ぶ）の未来形

例題

1. བྱང་ཆུབ་ཡོངས་སུ་ཤེས་པར་འདོད་པས་རང་གི་སེམས་ཉིད་ཡོངས་སུ་ཤེས་པར་བྱའོ།

欲識知菩提，當如是識知自心（大日経，住心品）

2. འདི་སྐད་ཅེས་བརྗོད་པར་བྱ་སྟེ། རིགས་ཀྱི་བུ་མིང་འདི་ཞེས་བྱ་བ་ཁྱོད་…བྱང་ཆུབ་སེམས་དཔའི་ཚུལ་ཁྲིམས་ཐམས་ཅད་དེ་སྡོམ་པའི་ཚུལ་ཁྲིམས་དང་། དགེ་བའི་ཆོས་སྡུད་པའི་ཚུལ་ཁྲིམས་དང་སེམས་ཅན་གྱི་དོན་བྱ་བའི་ཚུལ་ཁྲིམས་ང་ལས་ཚོད་དམ་ཞེས་སྨྲས་ཤིག།（菩薩地，戒品）

【E】その他，条件或いは仮定，可能，求欲，使役等を表すには助詞，助動詞の補助による。

（1）条件法（仮定法）

直説法の現在または過去の根に助詞 ན་（…ば，とも）を加える。

བྱེད་ན་（なさば）　　　　　　　　བྱས་ན་（なしたならば）

འདི་བྱས་ན་འདི་འབྱུང་ངམ།（こうしたならば，こうなるであろうか）

或いは冒頭に གལ་ཏེ་（もし，たとえ）なる副詞を置いて仮説または条件の意を明らかにする。

གལ་ཏེ་ … ན་，　or ལ་（もし～ば，たとえ～とも）

1）གལ་ཏེ་བདེ་བ་ཀུན་འདོད་ན་འདོད་པ་ཐམས་ཅད་ཡོངས་སུ་སྤངས།

（もし一切の安楽を欲せば，一切の欲をことごとく捨てよ）

仮定の ན་はまた願望を表すにも用いられる。

2）བདག་བྱང་ཆུབ་ཐོབ་ན་སྙམ་མོ།（自分が菩提を得たならばと思う）

（2）可能法　不定法

可能法は ནུས་པ་，ཐུབ་པ་，ཐོད་པ་ を加える（英語のcan，to be able toに相当）。

བྱེད་པར་ནུས། or བྱེད་ནུས།（なし得る）

འཁྱེར་བར་ཐུབ། or འཁྱེར་ཐུབ།（運ぶことが出来る）

可能法の過去は ནུས་པ་等の可能の動詞に ཡོད་，ཡིན་，སོང་等を加える。

ཐུབ་པ་ཡོད་དོ། ནུས་པ་ཡིན་ནོ།

ཐུབ་པ་ཡིན་ནོ། ནུས་པ་ཡོད་དོ། ཐུབ་སོང་ངོ་།

否定は否定詞 མ་，མི་を助動詞の前に展開する。

ངས་ཅི་ཡང་བྱེད་པར་མ་ནུས་སོ།（私は何事もなし得ない）

ང་ནི་དེར་འགྲོ་བར་མི་ཐོད་དོ།（私はそこへ行くことが出来ない）

（3）求欲法

不定法にའདོད་པ་，བཞེད་པ་ (wish，desire) を加える。

འགྲོ་བར་འདོད།（行かんと欲す）

མནལ་བར་བཞེད།（おやすみになりたがっていらっしゃる）

※ མནལ་བ་はགཉིད་པ་（眠る）の敬語　　བཞེད་པ་はའདོད་པ་の敬語

（4）使役法

動詞の根に འཇུག་པ་ (to cause, to allow)を加えたもの，または不定法に བྱེད་པ་を加えたものによっても使役の意味を示す（この時，主語は具格をもって表される）。

動詞の根＋（ཏུ་ དུ་ རུ་ སུ་ -ར་）＋འཇུག་（བཅུག་＝過去，གཞུག་＝未来，ཆུག་＝命令）

འབྲིར་འཇུག་（書かせる）　　　　　འཁྱེར་འཇུག་（運ばせる）

མི་དགེ་བའི་རྩ་བ་ཡོངས་སུ་གཏོང་དུ་གཞུག་པ་ལ་（不善根を捨てさせることにおいて）

過去，未来，命令はそれぞれ འཇུགས་པ་ བྱེད་པ་の変化によって表される。

現在	過去	未来	命令
འཇུག་	བཅུག་	གཞུག་	ཆུག་
བྱེད་	བྱས་	བྱ་	བྱོས་

【F】分詞

（1）現在分詞

動詞現在の根に接字 པ་，བ་，བཞིན་པ་，གྱིན་等を加えたもの

མཐོང་བ།（見る，見ること）　　　　　ཤེས་པ།（知る，知ること）

ཀློག་པ།（読む，読むこと）　　　　　འགྲོ་བ།（行く，行くこと）

འགྲོ་བཞིན་པ།（行きつつ）

（2）過去分詞

過去の根に接字 པ་，བ་を加えたもの

སོང་བ།（行ける）　　གསུངས་པ།（説かれたる）　　གྱུར་བ།（成れる）

བྱས་པ།（為されたる）　　　ཡོད་པ།（在りし）

note:　　པ་は ག་ ད་ ན་ བ་ མ་ ས་の次に

　　　　བ་は ང་ འ་ ར་ ལ་の མཐའ་མེད་の次に接する。

（3）未来分詞

未来の根に接字 པར་ or བར་བྱ་བ་を加えたもの

བཤད་པར་བྱ་བ་（釈せられるべき）　　　　　དགོད་པར་བྱ་བ་（建立せらるべき）

པར་ or བར་　は時に省略せられる。

བསླབ་བྱ་བ་（学ばれるべき）　　　　　བསྒོམ་བྱ་བ་（修せらるべき）

【G】動詞の変化

チベット語の動詞の変化は種々の形式があって規則的に画然と分別することは困難であるが大体次に掲げたようなものとなし得るであろう。

I　རྗེས་འཇུག་ または ཡང་འཇུག་の ས་によって過去を作るもの

(1) རྗེས་འཇུག་ས་によるもの

現在	過去	未来	命令	意味
སྨྲ་	སྨྲས་	སྨྲས་	སྨྲོས་	語る，言う
སྐྱེ་	སྐྱེས་	བསྐྱེས་		生る
ཞུ་	ཞུས་	བཞུ་	ཞུས་	問う，乞う
བགྲོ་	བགྲོས་			議す，会議す
གཅི་	གཅིས་	གཅི་	གཅིས་	尿す
མཆི་	མཆིས་			行く，赴く(eleg.)
འདའ་	འདས་	འདའ་		越える，過ぎる
བཙའ་	འཙས་			産む

(2) རྗེས་འཇུག་ད་を ས་に変えるもの

現在	過去	未来	命令	意味
བགོད་	བགོས་	བགོ་	བགོས་	分割する，分与する
བགྱིད་	བགྱིས་	བགྱི་	གྱིས་	作す，なす(eleg.)
བཀྲུད་	བཀྲུས་	བཀྲུ་	ཀྲུས་	清くす，清む

(3) ཡང་འཇུག་ས་によるもの

現在	過去	未来	命令	意味
འགག་	འགགས་	དགག་		止完す，滅する
འཕག་	འཕགས་	འཕག་		昇る，湧出する
འཁྲིག་	འཁྲིགས་	འཁྲིག་	འཁྲིག་	粘着する
འཁྲུག་	འཁྲུགས་	འཁྲུག་		惑う，狂迷する
གཡོག་	གཡོགས་	གཡོག་	གཡོགས་	覆う
གསུང་	སགུངས་	གསུང་	གསུང་	説く，言う(resp.)

II བ་སྔོན་འཇུག་ を添加して過去を作るもの

(1)	བརྗོད་	བརྗོད་	བརྗོད་		述べる，詮示する
	སྐྱེད་	བསྐྱེད་	བསྐྱེད་		発起する，生ず
	སྐོར་	བསྐོར་	བསྐོར་		囲繞する，回転する
	སྐར་	བསྐར་	བསྐར་	སྐར་	吊る，量る

(2) བ་སྔོན་འཇུག་を加えると共に基字の母音 ཨོ་が消えるもの

སྟོན་	བསྟན་	བསྟན་	སྟོན་	教える，示す
སྡོད་	བསྡད་	བསྡད་		坐る，留まる

(3) བ་སྔོན་འཇུག་ と ས་ཡང་འཇུག་ とを添加するもの

སྐྱོང་	བསྐྱོངས་(བསྐྱངས་)	བསྐྱང་	བསྐྱོངས་	守る，保護する
སྡེབ་	བསྡེབས་	བསྡེབ་	སྡེབས་	混ぜる
སྡོམ་	བསྡོམས་(བསྡམས་)	བསྡོམ་(བསྡམ་)	སྡོམ་(སྡོམས་)	約束する，縛る
རྩོམ་	བརྩམས་(རྩོམས་)	བརྩམ་	རྩོམ་(རྩོམས་)	始む，着手する

III འ་སྔོན་འཇུག་ を取り去って過去を作るもの

(1)	འཁྲིད་	ཁྲིད་	འཁྲིད་		導く，案内する
	འཁྱེར་	ཁྱེར་	འཁྱེར་		運ぶ
	འགས་	གས་	འགས་		裂く
	འགྱུར་	གྱུར་	འགྱུར་	གྱུར་	なる，変ずる
	འབོར་	བོར་		བོར་	投げる
	འབྱུང་	བྱུང་		བྱུང་	出生する，顕る
	འབྲལ་	བྲལ་		བྲོལ་	離れる
	འཛད་	ཟད་	འཛད་		尽く

(2) འ་སྔོན་འཇུག་を取り去って基字の བ་を ཕ་に変えるもの

འབིགས་	ཕིག་	དབིག་	ཕིག་	裂く

འབུགས་	ཕུག་	དབུག་	ཕུག་	〃
འབུད་	ཕུད་	དབུད་	ཕུད་	脱ぐ
འབུབས་	ཕུབ་	དབུབ་	ཕུབ་	葺く
འབུལ་	ཕུལ་	དབུལ་	ཕུལ་	施す，献ずる
འབེབས་	ཕབ་	དབབ་	ཕོབ་	下げる
འབྱིན་	ཕྱུང་	དབྱུང་	ཕྱུང་	引き出す，発する
འབྱེད་	ཕྱེ་ or ཕྱེད་，ཕྱེས་	དབྱེད་	ཕྱེ་ or ཕྱེད་，ཕྱེས་	分離する，別ける

IV 基字の ཨོ་母音が ཨ་に変わるもの（この時 རྗེས་འཇུག་の ག་ ང་は ས་ཡང་འཇུག་をとる）

དཔོག་	དཔགས་	དཔག་	དཔོག་	量る
དཔོར་	དཔར་	དཔར་	དཔོར་	指揮する
དཔྱོང་	དཔྱངས་	དཔྱང་	དཔྱོང་	吊す
དཔྱོད་	དཔྱད་	དཔྱད་	དཔྱོད་	吟味する，観察する

V 他の སྔོན་འཇུག་が བ་སྔོན་འཇུག་と置き換えられるもの

(1) ག་སྔོན་འཇུག་を བ་とし基字の ཨོ་音を ཨ་とするもの

གཅོད་	བཅད་	གཅད་	ཆོད་(གཅོད་)	切る，断つ
གཏོང་	བཏང་	གཏང་	ཐོང་(ཏོང་)	賜う，与う
གཏོད་	བཏད་	གཏད་	ཐོད་	委任する，付賜する
གསོད་	བསད་	བསད་	སོད་(གསོད་)	殺す
གསོན་	བསན་	གསན་	གསོན་	聞く

(2) འ་སྔོན་འཇུག་が བ་となり，それに従って基字を変化するもの

འཁལ་	བཀལ་	བཀལ་	ཁོལ་	紡ぐ
འཁུར་	བཀུར་	བཀུར་	ཁུར་	尊敬する，運ぶ
འགུམ་	བཀུམ་	དགུམ་	ཁུམ་	滅ぼす，殺す
འགོད་	བཀོད་	དགོད་	ཁོད་	建つ，構成する，置く
འགྲོལ་	བཀྲོལ་	དགྲོལ་	ཁྲོལ་	説明する，解く

འགུགས་	བཀུག་	དགུག་	ཁུག་	召喚する
འགེལ་	འཀལ་	དགལ་	ཁོལ་	載す，覆う
འགེས་	བཀས་	དགས་	ཁོས་	分離する，分つ
འགྲེམ་	བཀྲམ་	དགྲམ་	ཁྲོམས་	敷く，散布する
འགེགས་	བཀག་	དགག་	ཁོག་	禁止する，妨げる
འགེངས་	བཀང་	དགང་	ཁོང་	満たす
འགེབས་	བཀབ་	དགབ་	ཁོབ་	着る，覆う
འཇལ་	བཅལ་	གཞལ་	འཇོལ་	秤る，量る
འཇིལ་	བཅིལ་	གཞིལ་	ཆིལ་	除く，廃する
འཇུག་	བཅུག་	གཞུག་	ཆུག་	挿入する，…せしむ
འཇུན་	བཅུན་	གཞུན་	ཆུན་	服す，馴らす
འཇོམས་	བཅོམ་(བཅོམས)	གཞོམ་	ཆོམ་	摧く，伏す，降す
འཇིག་	བཞིག་	གཞིག་	ཤིག་	滅ぼす，破滅する
འཆད་	བཤད་	བཤད་	ཤོད་	解説する，釈す
འཐོར་	བཏོར་	གཏོར་	འཐོར་	布く，撒く
འདིང་	བཏིང་	གཏིང་	ཐིང་	拡ぐ，布く
འདུལ་	བཏུལ་	གདུལ་	ཐུལ་	調伏する，化度する
འདེགས་	བཏེག་	གདེག་	ཐེག་	支える，把る
འདེབས་	བཏབ་	གདབ་	ཐོབ་	投げる，置く
འདོགས་	བཏགས་	གདགས་	ཐོགས་	結ぶ，括る
འདོན་	བཏོན་	གདོན་	ཐོན་	吐出す，唱える
འཚིར་	བཙིར་	གཟིར་	ཚིར་	圧する
འཚོལ་	བཙོལ་(བཙལ་)	བཙལ་	ཚོལ་	さがす
འཛུག་	བཙུག་	གཟུག་	ཟུག་	固定する，樹立する
འཛུད་	བཙུད་	གཟུད་	ཟུད་	回心する，転ずる
འཛུར་	བཟུར་	གཟུར་	ཟུར་	譲る，避く
འཛུལ་	བཟུལ་	གཟུལ་	ཟུལ་	這入る
འཛེད་	བཟེད་	གཟེད་	ཟེད་	差出す

འཛེམ་	བཟེམ་	གཟེམ་	ཟེམ་	赤らむ，恥じる
འཛིན་	བཟུང་	གཟུང་	ཟུང་	執る，持つ

(3) འ་སྔོན་འཇུག་が བ་となり，基字が変化すると共に རྗེས་འཇུག་または ཡང་འཇུག་の ས་を添加するもの

འཆག་	བཅགས་	བཅག་	ཆོག་(ཤོག་)	歩む，踏む
འཆང་	བཅངས་	བཅང་	ཆོང་	執る，保持する
འཆིང་	བཅིངས་	བཅིང་	འཆིང་	固む，結縛する
འཆིབ་	བཅིབས་	བཅིབ་	ཆིབས་	登る，昇る
འཆུ་	བཅུས་	བཅུ་	ཆུས་	汲む，潅ぐ
འཆེ་	བཅེས་	བཅེ་	ཆེས་	証明する，約す
འཆོས་	བཅོས་	བཅོ་	ཆོས་	用意する，準備する
འཆའ་	བཅས་(འཆས་)	བཅའ་	ཆོས་	用意する，整う
འཛིབ་	བཞིབས་(གཞིགས་)	བཞིབ་	ཞིབ་	吸う
འཇུ་	བཞུས་	བཞུ་	འཇུས་	溶解する，消化する
འཇོ་	བཞོས་	བཞོ་	འཇོས་	搾る
འཆེག་	བཤགས་	བཤག་	ཤོས་	懺悔する，割る
འཐག་	བཏགས་	བཏག་	ཐོག་	挽く，織る
འཐིག་	བཏིགས་	བཏིག་	ཐིག་	滴る
འཐུང་	བཏུངས་	བཏུང་	འཐུང་	飲む
འཚག་	བཙགས་	བཙག་	ཚོག་	ふるう，濾過する
འཚེ་	བཙེས་	བཙེ་(གཙེ་)	ཚེས་	害す，危害を加える
འཚེམ་	བཙེམས་	བཙེམ་	ཙེམས་	縫う
འཚོག་	བཙོགས་	བཙོག་	ཚོག་	刻む，彫る
འཚོང་	བཙོངས་	བཙོང་	ཚོང་	売る

VI　少数の下の如き変化をなすもの

འདྲེན་	དྲང་(དྲངས་)	དྲང་	དྲོང་(དྲོངས་)	引く，導く
ལེན་	བླངས་(བློངས་)	བླང་	ལོན་	受く，取る

Ⅶ 変化しないもの

རྟོགས་	知る
ཐོགས་	執る
མཐོང་	見る
འདུག་	坐る，住する，在る
འདོད་	欲する，願う
གནས་	住する，在る
སྣང་	照る，顕る，在る
ཤེས་	知る

以上分類列挙した所に依れば，動詞の時の変化は主として སྔོན་འཇུག་ ག་ ད་ བ་ མ་ འ་の置き換えによって作られる。即ち，ག་はある動詞においては全ての時にあり，あるものには現在と未来とに用いられるも，多数は，未来のみに用いられる。

ད་はある動詞には全ての時にあり，あるものには過去と未来とに見え，最も多く現れるのは未来である。

བ་はある動詞には全ての時にあり，あるものには過去と未来とに見え，最も多数は過去のみに用いられる。

མ་སྔོན་འཇུག་を有する動詞は比較的に少ない。ある動詞には全ての時にあり，あるものには過去と未来とに存する（གནོན་པ་（圧服す）pf. གནན་ or མནན་， fut. མནན་）

འ་は五つの སྔོན་འཇུག་中最も多く動詞に用いられている。ある動詞には全ての時にあり，あるものには過去の時に除去せられる。大多数は現在に用いられる。

概略すれば，འ་は現在，བ་は過去，ག་，ད་は未来の時を作ると言い得る。

【H】動詞の連続体

日本語の「行って見る」「読みつつ書く」の「行って」「読みつつ」の如き，動詞の副詞態を表すのにチベット語では日本語の「て」「つつ」の助詞に当たるものを分詞の根に加えて示す。即ち，下の如し。

（1）སྟེ་，ཏེ་，དེ་　cf. p.19, 50 (Appendix Ⅰ-3)

1) ལག་པ་གཡུག་སྟེ་འགྲོ།

2) ཆང་འཐུང་སྟེ་བཟི།（酒を飲んで酔っ払う）

3) ལམ་བསྟན་ཏེ་འཁྲིད།（道を示して導く）　　བསྟན་はསྟོན་の過去

4) ཐལ་མོ་སྦྱར་ཏེ་ཞུ།（合掌して尋ねる）　　སྦྱར་はསྦྱོར་の過去

5) ཤ་བཅད་དེ་ཟ།（肉を切って食べる）　　བཅད་はགཅོད་の過去

སྟེ་は ག་ ང་ བ་ མ་ འ་と མཐའ་མེད་の後に　Appendix Ⅰ-3

ཏེ་は ན་ ར་ ལ་ ས་と ད་དྲག་の後に

དེ་は ད་の後に接続する。

（2）ཞིང་། ཅིང་། ཤིང་།

1) བསྟན་ཞིང་བཤད།（示して説く）

2) སྒོམ་ཞིང་འགྲུབ།（瞑想して成就する）

3) འཕུར་ཞིང་འགྲོ།（飛んで行く）

4) སྐོག་ཅིང་འབྲི།（皮をむいて書く，削って書く）

5) འདུས་ཤིང་བཀོད།（集めて並べる）

ཞིང་は ང་ ན་ མ་ འ་ ར་ ལ་と མཐའ་མེད་の後に　Appendix Ⅱ-5

ཅིང་は ག་ ད་ བ་と ད་དྲག་の後に

ཤིང་は ས་の後に接続する。

（3）この他ནས་，ལས་もまた過去の動詞に接続して完了動詞の副詞態を作る。

ལ་も上の སྟེ་，ཞིང་と同様に使用せられる。

ちなみにསྟེ，ཏེ，དེは単に動詞の連続体を作るだけでなく接続詞として二つの文を結び，あるいは名詞の次に来ることがある。即ち二つの文を連結するとは

1. 宗（断案）の文に接続して，次の因（理由）の文を導く。

རྟག་པ་ཡིན་ཏེ། འདུས་བྱས་མ་ཡིན་པའི་ཕྱིར།（常である。なぜならば有為でないことの故に）

2. 単なる接続詞として二つの文を接続する。

ལྷའི་བུ་ཉི་མ་ནི་ནམ་མཁའ་ལ་གནས་ཏེ། ཟླ་བའང་དེ་བཞིན་ནོ།།（神の子である太陽は虚空に住し，月もまた同様である）

名詞の次に来たときは定義または説明の句を導く。

1) སངས་རྒྱས་ཏེ་མ་རིག་པའི་གཉིད་ལས་སངས་ཤིང་ཤེས་བྱ་ལ་བློ་གྲོས་རྒྱས་པའོ།།

（仏陀とは無知の眠り［説明］から離れて，知るべきことがら（所知）に関して智慧が広大であるもののことである）

2) བསླབ་པ་སྟེ། ནང་པ་ལ་ལྷག་པའི་ཚུལ་ཁྲིམས་དང་སེམས་དང་ཤེས་རབ་ཀྱི་བསླབ་པ་དང་ཕྱི་རོལ་པའི་ཚངས་སྤྱོད་ཀྱི་བསླབ་པ་ལ་སོགས་པའོ།།

（学ぶべきことは，内面的（精神的）には戒と定と慧という学処と外面的（身体的）には，梵（brahmacarya）という学処等である）

ལྷག་པའི་ཚུལ་ཁྲིམས་	adhiśīlam	増上戒
ལྷག་པའི་སེམས་	adhicittam	増上心（定）
ལྷག་པའི་ཤེས་རབ་	adhiprajña	増上慧

3. དཀོན་མཆོག་ནི་གསུམ་སྟེ། སངས་རྒྱས་དང་ཆོས་དང་དགེ་འདུན་ནོ།།

（最も勝れたものは三つで，仏と法と僧である）

この སྟེ་は開く説である。

練習問題

1) གལ་ཏེ་ཁོ་བོ་རྒྱལ་ན་ཆོས་ཀྱི་གྲགས་པ་གསོད་ཅིག། གལ་ཏེ་ཆོས་ཀྱི་གྲགས་པ་རྒྱལ་ན་ང་གསོད་ཅིག་ཅེས་རྒྱལ་པོ་ལ་བསྒོ་བ་ལས།（インド仏教史 p.137-14）

2) ཚིག་གང་གིས་འཛིན་ན

དཀོན་མཆོག་གསུམ་ལ་བདག་སྐྱབས་མཆི། །སྡིག་པ་ཐམས་ཅད་སོ་སོར་བཤགས།

།འགྲོ་བའི་དགེ་ལ་རྗེས་ཡི་རང་། སངས་རྒྱས་བྱང་ཆུབ་ཡིད་ཀྱིས་གཟུང་།

།སངས་རྒྱས་ཆོས་དང་ཚོགས་མཆོག་ལ། བྱང་ཆུབ་བར་དུ་བདག་སྐྱབས་མཆི། ...ཅེས་རྡོ་རྗེ་གུར་གྱི་རྒྱུད་ལས་གསུངས་པས་སོ། （タントラ総説 36b4）

3) (མ་རིག་པའི་གནས་ཀྱིས་)...ཉན་ཐོས་དང་རང་སངས་རྒྱས་ཀྱི་ཤེས་པས་མི་རྗེ་བ་དང་། དེ་བཞིན་གཤེགས་པའི་བྱང་ཆུབ་ཀྱི་ཡེ་ཤེས་ཀྱིས་གཞོམ་པར་བགྱི་བ་ལགས་ཏེ། （勝鬘経，北京版 f.271a2）

4) དེ་ནས་ཡུལ་དབུས་སུ་བྱོན་ཏེ། སློབ་དཔོན་ཆོས་སྐྱོང་ལས་རབ་ཏུ་བྱུང་ནས། སྡེ་སྣོད་གསུམ་པོ་མཐའ་དག་མཁས་པར་བྱས། མདོ་སྡེ་དང་གཟུངས་སྔགས་སྟོམས་པ་ཡང་ལྔ་བརྒྱ་ཐུགས་ནས་འདོན་ནོ།། རྟོག་གེའི་བསྟན་བཅོས་གཞན་མང་པོ་ཉན་ཡང་བློ་གྲོས་མ་ཁེངས་ཏེ། དཔལ་ཕྱོགས་ཀྱི་གླང་པོའི་སློབ་མ་དབང་ཕྱུག་སྡེ་ལས་ཚད་མ་ཀུན་ལས་བཏུས་པ་ཚར་གཅིག་ཉན་པས། དབང་ཕྱུག་སྡེ་ཉིད་དང་མཉམ་པར་གྱུར། ལན་གཉིས་པ་ཉན་པས་ཕྱོགས་ཀྱི་གླང་དང་མཉམ་པར་གྱུར། གསུམ་པ་ཉན་པ་ན། སློབ་དཔོན་དབང་ཕྱུག་སྡེས་ཀྱང་ཕྱོགས་ཀྱི་གླང་པོའི་དགོངས་པ་མ་ལོངས་པར་འགའ་ཞིག་ནོར་བར་མཁྱེན་ནས། སློབ་དཔོན་ཉིད་ལ་བཟླས་པས་ཤིན་ཏུ་དགྱེས་ཏེ། ཁྱོད་ནི་ཕྱོགས་ཀྱི་གླང་པོ་དང་མཉམ་སྟེ། གྲུབ་མཐའ་ནོར་བ་ཐམས་ཅད་སུན་ཕྱུང་ཏེ། ཚད་མ་ཀུན་ལས་བཏུས་ཀྱི་འགྲེལ་པ་ཡང་གྱིས་ཤིག་ཅེས་སློབ་དཔོན་ལས་གནང་བ་ཐོབ་བོ།།（インド仏教史 p.135-10）

5) མཁན་པོས་ཐོག་མར་བོད་ཀྱི་ལྷ་སྲིན་མ་རུངས་པ་རྣམས་འདུལ་དགོས་པ་འདུག་པས། སློབ་དཔོན་པདྨ་འབྱུང་གནས་སྤྱན་དྲངས་གསུངས་པ་བཞིན་རྒྱལ་པོ་ཕོ་ཉ་མངགས་པས། སློབ་དཔོན་གྱིས་མངོན་པར་ཤེས་པས་མཁྱེན་ནས་རྒྱ་གར་ནས་ཚུར་བྱོན་པ་དང་ལམ་དུ་མཇལ་ཏེ་བོད་དུ་གདན་དྲངས། ལྷ་སྲིན་གདུག་པ་ཅན་ཐམས་ཅད་དམ་ལ་བཏགས་ནས་མཁའ་ལ་ཛ་ཛྫེའི་འགྲིམས་དང་བཅས་ཏེ་ས་འདུལ་མཛད་ནས་ （一切宗義，秘密ニンマ派 ma6b4）

－ 終 －

Appendix　I

1. ལ་དོན་གྱི་ཕྲད་རྣམས་སྦྱོར་ཚུལ་རེའུ་མིག　＜七種のལ་義の付き方＞

རྗེས་འཇུག	ཕྲད	སྦྱོར་ཚུལ
ས	སུ	རྗེས་སུ། ཕྱོགས་སུ།
ག བ ད དྲག	ཏུ	རྟག་ཏུ། དེབ་ཏུ། ཤིན་ཏུ།
ང ད ན ད མ ད ར ལ	དུ	བྱང་དུ། བོད་དུ། གཞན་དུ། མཉམ་དུ། རྒྱ་གར་དུ། བལ་ཡུལ་དུ།
འ མཐའ་མེད།	ར རུ	མཐར་འཁྱོལ། མཐའ་རུ་འཁྱོལ། ལྷ་སར། ལྷ་ས་རུ།

2. འབྲེལ་སྒྲ་སྦྱོར་ཚུལ་གྱི་རེའུ་མིག　＜Genitiveの助辞の付き方＞

རྗེས་འཇུག	འབྲེལ་སྒྲ	སྦྱོར་ཚུལ
ག ང	གི	གཡག་གི་རྭ་ཅོ། ཁོང་གི་ཕྱག་དེབ།
ད བ ས	ཀྱི	ཁྱེད་ཀྱི་གྲོགས་པོ། དེབ་ཀྱི་མིང་། གཡས་ཀྱི་གང་ས་རི།
ན མ ར ལ	གྱི	གཡོན་གྱི་རི། ལམ་གྱི་དཀྱིལ། དབྱར་གྱི་མེ་ཏོག བལ་གྱི་ཞྭ་མོ།
འ མཐའ་མེད།	འི ཡི།	ནམ་མཁའི་ཁ་མདོག ནམ་མཁའ་ཡི་ཁ་མདོག ངའི་ཁང་པ། ང་ཡི་ཁང་པ།

3. ལྷག་བཅད་ཀྱི་ཕྲད་རྣམས་སྦྱོར་ཚུལ་རེའུ་མིག　＜具余の助辞の付き方＞

རྗེས་འཇུག	འབྲེལ་སྒྲ	སྦྱོར་ཚུལ
ས	དེ	རེད་དེ། བཀོད་དེ།
ག ང བ མ འ མཐའ་མེད	སྟེ	འདུག་སྟེ། བྱུང་སྟེ། ཐོབ་སྟེ། བཀྲམ་སྟེ། དགའ་སྟེ། གཙོ་བོ་སྟེ།
ན ར ལ ས	ཏེ	བསྟན་ཏེ། འཕར་ཏེ། གསལ་ཏེ། ཕེབས་ཏེ།

4. རྒྱན་སྡུད་ཀྱི་ཕྲད་རྣམས་སྦྱོར་ཚུལ་རེའུ་མིག　＜飾詞の助辞の付き方＞

རྗེས་འཇུག	ཕྲད	བྱོར་ཚུལ
ག ད བ ས ད་དྲག	ཀྱང	བཀག་ཀྱང་། ཡོད་ཀྱང་། བཟབ་ཀྱང་། ཕེབས་ཀྱང་། བསྟནད་ཀྱང་།
ང ན མ ལ ར	ཡང	ཆང་ཡང་། གཞན་ཡང་། འཆམ་ཡང་། བལ་ཡང་། འཕར་ཡང་།
འ མཐའ་མེད།	འང་ ཡང་།	དགའང་། དགའ་ཡང་། དེའང་། དེ་ཡང་།

5. གཤམ་གསླ་ཚིག་ཕྲད་རྣམས་སྦྱོར་ཚུལ་རེའུ་མིག　＜一般詞の助辞の付き方＞

རྗེས་འཇུག	ཚིག་ཕྲད
ང ན མ འ ར ལ མཐའ་མེད	ཞིང་། ཞེས། ཞེའོ། ཞེ་ན། ཞིག
ག ད བ	ཅིང་། ཅེས། ཅེའོ། ཅེ་ན། ཅིག
ས	ཤེས། ཤིང་། ཤིག ཤེའོ། ཤེ་ན།

Appendix Ⅱ

༄༅། །ཐོན་མིའི་ལེགས་བཤད་སུམ་ཅུ་པའི་སྙིང་པོ་ལྗོན་པའི་དབང་པོ་འཞུགས་སོ།།

トンミ［サンボータ］著　善説『三十頌』の精要である「樹王」なるもの

༡༈ །བླ་མ་མཆོག་དང་དབྱེར་མེད་པའི།	1. 最善なるラマと区別なき
།འཇམ་པའི་དབྱངས་ལ་གུས་བཏུད་ནས།	妙音（mañjughoṣa）に恭敬礼拝し
།ཐོན་མིའི་ལེགས་བཤད་སུམ་ཅུ་པའི།	トンミの善説『三十頌』の
།སྙིང་པོ་མདོར་བསྡུས་བཤད་པར་བྱ།།	精要を略出して解説しよう。
༢༈ །དབྱངས་ཀྱི་བྱ་བ་གསལ་པོ་རུ།	2. 母音の用法を明らかにすれば
།བྱེད་པ་ཨི་ཨུ་ཨེ་ཨོ་བཞི།	i, u, e, oの四である。
།གསལ་བྱེད་ཀ་སོགས་སུམ་ཅུ་ཡིན།།	子音はka等の三十である。
༣༈ །ག་ང་ད་ན་བ་མ་འ།	3. ga, ṅa, da, na, ba, na, ḥa,
།ར་ལ་ས་རྣམས་རྗེས་འཇུག་བཅུ།	ra, la, sa等は十の後接字である。
།ད་དང་ས་གཉིས་ཡང་འཇུག་སྟེ།	daとsaの二つは再後接字であり
།ད་ནི་ན་ར་ལ་གསུམ་དང་།	daはna, ra, laの三に　また
།ས་ནི་ག་ང་བ་མར་འཐོབ།	saはga, ṅa, ba, maに付く
ག་ད་བ་མ་འ་སྔོན་འཇུག།	ga, da, ba, ma, ḥaは前接字である。
༤༈ །གོ་ངོ་དོ་ནོ་བོ་མོ་འོ།	4. go, ṅo, do, no, bo, mo, ḥo,
།རོ་ལོ་སོ་ཏོ་སླར་བསྡུ་སྟེ།	ro, lo, so, toは終助詞であって
།རྫོགས་ཚིག་ཟླ་སྡུད་ཅེས་ཀྱང་བྱ།	完結詞或いは摂説詞とも言われる
།དྲག་ཡོད་ཏོ་དང་མཐའ་མེད་འོ།	［強めの］daがあればtoである　またターメー（後接字のない語）の後にはḥoである
།གཞན་རྣམས་མིང་མཐའི་རྗེས་མཐུན་སྦྱར།།	他のものは言葉の後に付随して付けられる。
༥༈ །སུ་ར་རུ་དུ་ན་ལ་ཏུ།	5. su, ra, ru, du, na, la, tuは
།ལ་དོན་རྣམ་པ་བདུན་ཡིན་ཏེ།	七種のla義であって
།རྣམ་དབྱེ་གཉིས་བཞི་བདུན་པ་དང་།	第二格と第四格と第七格と

།དེ་ཉིད་ཚེ་སྐབས་རྣམས་ལ་འཇུག	自性詞と時の助辞などである
།ས་སུ་ག་བ་དྲག་མཐར་ཏུ།	suはsa［の後に］，tuはgaとbaと強めの
	da字とターメー［の後に］
།ང་ད་ན་མ་ར་ལ་དུ།	duはṅa，da，na，ma，ra，la［の後に］
།འ་དང་མཐའ་མེད་ར་དང་རུ།།	raとruはḥaとターメー［の後に付く］
༦༈ །གི་ཀྱི་གྱི་འི་ཡི་ལྔ་པོ།	6. gi，kyi，gyi，ḥi，yiの五つは
།རྣམ་དབྱེ་དྲུག་པ་འབྲེལ་སྒྲ་དང་།	第六格すなわち属格であり
།དེ་རྣམས་ས་མཐའ་ཅན་ལྔ་ནི།	それらの後にsaをもつ五つは
།རྣམ་དབྱེ་གསུམ་པ་བྱེད་སྒྲ་སྟེ།	第三格すなわち具格であって
།སྦྱོར་ཚུལ་ན་མ་ར་ལ་གྱི།	くっつき方はna，ma，ra，laにはgyiを
།ད་བ་ས་ཀྱི་ག་ང་གི	da，ba，saにはkyiを，ga，ṅaにはgiを
།འ་དང་མཐའ་མེད་འི་དང་ཡི།།	ḥaとターメーにはḥiとyiを［付ける］。
༧༈ །ཀྱང་ཡང་འང་གསུམ་རྒྱན་སྡུད་དེ།	7. kyaṅ，yaṅ，ḥaṅとの三は飾詞であって
།ག་ད་བ་ས་དྲག་མཐར་ཀྱང་།	ga，da，ba，saと強めのda字の後にはkyaṅを
།ང་ན་མ་ར་ལ་མཐར་ཡང་།	ṅa，na，ma，ra，laの後にはyaṅを
།འ་དང་མཐའ་མེད་འང་དང་ཡང་།།	ḥaとターメーにはḥaṅとyaṅを［付ける］
༨༈ །ཏེ་དེ་སྟེ་གསུམ་ལྷག་བཅས་ཏེ།	8. te，de，steの三は具余（接続）であって
།ན་ར་ལ་ས་དྲག་མཐར་ཏེ།	na，ra，la，saと強めのda字の後にはte
།ད་དེ་ག་ང་བ་མ་འ།	daにはde，ga，ṅa，ba，ma，ḥaと
།མཐའ་མེད་རྣམས་ལ་ས་སྟེ་འཐོབ།།	ターメー等にはsaをteに付したsteを取る。
༩༈ །གམ་ངམ་དམ་ནམ་བམ་མམ་འམ།	9. gam，ṅam，dam，nam，bam，mam，ḥam，
།རམ་ལམ་སམ་ཏམ་འབྱེད་སྡུད་དེ།	ram，lam，sam，tamとは開摂詞であって
།སྦྱོར་ཚུལ་སླར་བསྡུའི་སྐབས་དང་མཚུངས།	くっつき方は終助詞の場合と等しい
།ར་རུ་འི་ཡི་འང་ཡང་རྣམས།	ra，ru，ḥi，yi，ḥaṅ，yaṅ等は
།ཁང་པ་མི་སྐོང་སྐོང་བའི་ཁྱད།	句の足りないのと足りるとの差である
།འོ་འུ་འམ་གྱི་གོང་དུ་ཚེག	ḥo，ḥu，ḥamの前にtshegが
།མེད་དང་ཡོད་པའང་དེ་བཞིན་ཡིན།།	ないのとあるのもまた同様である。
༡༠༈ །ནས་ལས་འབྱུང་ཁུངས་དགར་སྡུད་དེ།	10. nasとlasは従格であって比較と摂約であり

།འབྱུང་ཁུངས་དངོས་ལ་གང་སྦྱར་ཐུབ།
།རིགས་མཐུན་དགར་ནས་མི་མཐུན་ལས།
།སྡུད་ལ་ནས་སྒྲ་ཁོ་ན་འཇུག།

固有のものにおいては何れを付けてもよい
同種の選択にはnas，異種にはlas
摂約においてはnasのみを用いる。

༡༡༈ །ཀྱེ་དང་ཀྭ་ཡེ་བོད་སྒྲ་སྟེ།
།ཕལ་ཆེར་མིང་གི་ཐོག་མར་སྦྱོར།།

11. kyeとkwa yeは呼格であって
一般に名前の先に接する。

༡༢༈ །ནི་ནི་དགར་དང་བརྣན་པའི་སྒྲ།

12. niは分離と強調の語である。

༡༣༈ །དང་ནི་སྡུད་འབྱེད་རྒྱུ་མཚན་དང་།
།ཚེ་སྐབས་གདམས་ངག་ལྔ་ལ་འཇུག།

13. daṅは摂と開と理由と
時と命令の五つに用いる。

༡༤༈ །མིང་གི་ཐོག་མའི་དེ་སྒྲ་ནི།
།ཐ་སྙད་འདས་མ་ཐག་པ་དང་།
།རྣམ་གྲངས་གཞན་ཅན་གཉིས་ལ་འཇུག།

14. 言葉の初めのdeの語は
過ぎ去ったばかりのものの指示と
他を枚挙するものの二つに用いる。

༡༥༈ །ཅི་ཇི་སུ་གང་སྤྱི་སྒྲ་སྟེ།
།ཞིག་སྟེ་སླད་འདྲ་ཕྱིར་ལ་ཅི།
།སྙེད་སྲིད་ལྟར་བཞིན་སྐད་ལ་ཇི།
།སུ་ནི་གང་ཟག་གང་ཀུན་ལའོ།།

15. ci，ji，su，gaṅは一般詞であって
shig，ste，slad，ḥdra，phyirにはciを
sñed，srid，ltar，bshin，skadにはjiを
suは人に，gaṅはすべてのものに［用いる］。

༡༦༈ །ན་རོ་ཡོད་མེད་པ་བ་མ།
།བདག་པོའི་སྒྲ་སྟེ་ག་ད་ན།
།བ་མ་ས་དང་དྲག་མཐར་པ།
།ང་འ་ར་ལ་མཐའ་མེད་ལ།
།བདག་སྒྲ་ཡར་ཕྱུར་བ་དང་ནི།
།ཆ་ལ་པ་ཉིད་སྦྱོར་བ་ལེགས།
།མིང་མཐའི་པ་བའང་ཕལ་ཆེར་འདྲ།
།མ་ནི་ངེས་མེད་སྐབས་དང་སྦྱར།།

16. na roのあるとないとのpa，ba，maは
所有の語であって，ga，da，na，
ba，ma，saと強めのda字の後にはpaを
ṅa，ḥa，ra，laとターメーの［後］には
所有詞は主としてbaと
並びにpaを用いてもよい
語尾のpaとbaもほぼ同じである
maは確定していない。時に応じて用いる。

༡༧༈ །མ་མི་མིན་མེད་དགག་སྒྲ་སྟེ།
།མ་མི་ཐོག་མ་མིན་མེད་མཇུག
།མ་ནི་བར་གྱི་གསལ་བྱེད་ལའང་།།

17. ma，mi，min，medは否定詞であって
maとmiは前にminとmedは後に
maは中間を明かすのにも［用いる］。

༡༨༈ །ཚིག་ཕྲད་ཞིང་སོགས་ང་ན་མ།
།འ་དང་ར་ལ་མཐའ་མེད་མཐར།

18. 助詞shiṅ等についてṅa，na，ma，
ḥaとra，laとターメーの後には

།ཞིང་ཞེས་ཞེ་འོ་ཞེ་ན་ཞིག	shiṅとshesとshe ḥoとshe naとshigである
།ག་ད་བ་དང་ད་དྲག་མཐར།	ga，da，baと強めのda字の後には
།ཅིང་ཅེས་ཅེ་འོ་ཅེ་ན་ཅིག	ciṅとcesとce ḥoとce naとcigである
།ས་མཐར་དམིགས་བསལ་ཞེས་མ་གཏོགས།	saの後にはshesを除いて外に
།ཤིང་ཤིག་ཤེ་འོ་ཤེ་ན་འཐོབ།	śinとśigとse ḥoとśe naを取る
།འོན་ཀྱང་ཁ་ཅིག་ལྷན་ཅིག་སོགས།	けれどもkha cig（ある人），lhan cig（共に）等の
།མིང་གི་ཆ་དང་མ་ནོར་གཅེས།	言葉の一部分と誤ってはならない
།རྐྱང་པ་འཕུལ་ལ་འ་མཐའ་དགོས།	基字に前接字のあるものはḥaの語端が必要である
།འགྲུག་ཀྱེད་བརྩེགས་འདོགས་ཅན་ལ་སྤང་།	［ただし］，母音結合の基字，添足の基字 有冠の基字においては必要ない。
༡༩ །ལྷུག་པའི་དོན་མང་མིན་མཚམས་དང་།	19. 散文の多義を列挙するときと
།དོན་འབྲེང་འབྱེད་དང་དོན་ཉུན་རྫོགས།	中義で続くのと少義で終わるのと
།ཚིགས་བཅད་ག་མཐར་ཚིག་ཤད་བྱ།	偈とgaの端にはtshig śadを用いる
།རྫོགས་ཚིག་མཐའ་ཅན་ལྷུག་པ་དང་།	終助詞で終わる散文と
།ཚིགས་བཅད་རྐང་མཐར་ཉིས་ཤད་འཐོབ།	偈の末尾にはñis śadを取る
།དོན་ཚན་ཆེན་མོ་རྫོགས་པ་དང་།	意義の大段落と
།ལེའུའི་མཚམས་སུ་བཞི་ཤད་དགོས།	章の終わりとにはbshi śadを用いる
།ང་ཡིག་མ་གཏོགས་ཡིག་ཤད་བར།	ṅa字の外は字とśadとの間には
།ཚེག་མེད་དེ་སོགས་ཞིབ་ཏུ་འབད།།	tshegがない。これらを深く留意せよ。
༢༠ །ཚིག་གི་ལོ་མས་མ་བསྒྲིབས་ཤིང་།	20. 言の葉に覆われることなく
།དོན་གྱི་འབྲས་བུ་གཡུལ་ཟ་བའི།	義の果実をたわわに実らせた
།ལེགས་བཤད་ལྗོན་པའི་དབང་པོ་འདི།	この善説「樹王」を
།དབྱངས་ཅན་གྲུབ་པའི་རྡོ་རྗེས་སྦྱེལ།།	音成就金剛は著した。
།།ཤུབྷཾ།། །།	吉祥あれ

Appendix Ⅲ

サンスクリット語の接頭辞のチベット訳語

1．ཀུན་，ཀུན་ཏུ་，ཀུན་ནས་　＜すべて，普く＞

ā-	ཀུན་ཤེས་པ་	ā-jñā	命令
	ཀུན་ཏུ་བརྗོད་པ་	ā-deśanā	説法
pari-	ཀུན་ཏུ་རྟོག་པ་	pari-kalpa	分別
	ཀུན་ནས་ལྡང་བ་	pary-utthāna	生起
sam-	ཀུན་འབྱུང་བ་	sam-udaya	集諦
	ཀུན་ནས་ཉོན་མོངས་པ་	saṃ-kleśa	雑染
samanta-	ཀུན་ཏུ་བཟང་	samanta-bhadra	普賢

2．ངན་　＜悪＞

dus-	ངན་འགྲོ་	dur-gati	悪趣

3．ངེས་པར་　＜決定して＞

ava-	ངེས་པར་འཛིན་པ་	ava-dhāraṇa	決定
ni-	ངེས་པར་སེམས་པ་	ni-dhyapti	思慮
nis-	ངེས་པར་བསྟན་པ་	nir-deśa	説示

4．མངོན་དུ་，མངོན་པར་　＜明らかに＞

abhi-	མངོན་པར་རྟོགས་པ་	abhi-samaya	現観
	མངོན་པར་ཞེན་པ་	abhi-niveśa	執着

5．རྗེས་སུ་　＜随＞

anu-	རྗེས་སུ་ཞུགས་པ་	anu-praveśa	悟入（随入）
	རྗེས་སུ་དཔག་པ་	anu-māna	比量，推理

6．ཉེ་བར་　＜近く＞

upa-	ཉེར་བར་ལེན་པ་	upādāna	取
	ཉེ་བར་གནས་པ་	upa-sthāna	処，住

7．ཉེས་པར་　＜悪＞

dus-	ཉེས་པར་སྤྱོད་པ་	duṣkṛta	悪行

8．མཉམ་པར་, སྙོམས་པར་ <等しく>

sama-	མཉམ་པར་འཇོག་པ་	samādhi	三昧，定
	སྙོམས་པར་འཇུག་པ་	samāpatti	定

9．མཐུན་པར་ <相応して>

anu-	མཐུན་པར་སྨྲ་བ་	anu-vāda	再論，反復

10. བདེ་ <安楽>

su-	བདེ་འགྲོ་	su-gati	善趣

11. མདོར་ <要約>

sam-	མདོར་བསྡུས་	saṃ-kṣepa	要約

12. རྣམ་པར་ <よく，完全に>

vi-	རྣམ་པར་དག་པ་	vi-śuddhi	清浄
	རྣམ་པར་ཤེས་པ་	vi-jñāna	識
vyava-	རྣམ་པར་བཀོད་པ་	vyava-sthāna	安立

13. ཕྱིར་ <後に>

prati-	ཕྱིར་རྒོལ་བ་	prati-vādin	反駁者

14. བྱེ་བྲག་ཏུ་ <差別して>

vi-	བྱེ་བྲག་ཏུ་སྨྲ་བ་	vi-bhāṣā	毘婆沙

15. མ་, མི་ <否定の助辞>

a-	མ་རིག་པ་	a-vidyā	無明
	མི་རྟག་པ་	a-nityatā	無常

16. རྫོགས་པར་ <完全に>

sam-	རྫོགས་པར་སངས་རྒྱས་	saṃ-buddha	等覚

17. ཡང་དག་པར་ <正しく>

sam-	ཡང་དག་པར་འཐོབ་པ་	sam-udāgama	円証
	ཡང་དག་པར་བསྐུལ་བ་	saṃ-codana	勧奨

18. ཡོངས་སུ་ <悉く>

pari-	ཡོངས་སུ་དག་པ	pari-śuddha	清浄

	ཡོངས་སུ་མྱ་ངན་ལས་འདས་པ་	pari-nirvāṇa	般涅槃

19. རབ་ཏུ་　＜充分に，能く＞

pra-	རབ་ཏུ་གྲགས་པ་	pra-siddhi	極成
	རབ་ཏུ་བྱུང་བ་	pra-vrajita	出家

20. ལེགས་པར་　＜善く＞

su-	ལེགས་པར་གྲུབ་པ་	su-siddhi	妙成就
	ལེགས་པར་ཞུགས་པ་	su-pratipanna	悟入

21. ཤིན་ཏུ་　＜甚だ＞

ati-	ཤིན་ཏུ་འདས་པ་	ati-vṛtta	遠い昔の
pra-	ཤིན་ཏུ་སྦྱངས་པ་	pra-śrabdhi	軽安
su-	ཤིན་ཏུ་མཐོང་བ་	su-dṛṣṭi	善見

22. སོ་སོར་　＜各々＞

prati-	སོ་སོར་བཞག་པ་	praty-avasthāna	建立
	སོ་སོར་ཐར་པ་	prati-mokṣa	波羅提木叉

23. སླར་　＜再び＞

prati-	སླར་གསུངས་པ་	praty-uccāra	再説

24. ལྷག་པར་　＜各々＞

adhi-	ལྷག་པར་ཞེན་པ་	adhy-avasāna	耽着
	ལྷག་པར་དམིགས་པ་	adhy-ālambana	所縁

以上は主に稲葉正就『チベット語古典文法学』による代表的な事例であるが，これだけで尽きるものでない。例えば，Lokesh Chandra: *TIBETAN-SANSKRIT DICTIONARY* に多数の用例が見られる。

Appendix Ⅳ　チベット語読本用経典抜粋

六道輪廻図 (*Vinaya-vibhaṅga*, D. Tohoku. No.1, 113b3, Peking Edition Otani No.1032, Vol.43)

སངས་རྒྱས་བཅོམ་ལྡན་འདས་རྒྱལ་པོའི་ཁབ་འོད་མའི་ཚལ་ཀ་ལན་ད་ཀའི་གནས་ན་བཞུགས་སོ། ཚེ་དང་ལྡན་པ་ཤ་རིའི་བུ་དང་། མཽད་གལ་གྱི་བུ་ཆེན་པོ་གཉིས་ཀྱི་(4)ཀུན་དུ་སྤྱོད་པ་ནི་དུས་དང་དུས་སུ་སེམས་ཅན་དམྱལ་བ་རྒྱུ་བ་དང་། དུད་འགྲོ་རྒྱུ་བ་དང་། ཡི་དགས་རྒྱུ་བ་དང་། ལྷ་རྒྱུ་བ་དང་། མི་རྒྱུར་འགྲོ་བ་ཡིན་པས་དེ་ཉིད་ཀྱིས་དེ་དག་ཏུ་བརྒྱུས་ནས་འཛམ་བུའི་གླིང་དུ་འོངས་ཏེ་འཁོར་བཞི་པོ་དག་ལ་སེམས་ཅན་དམྱལ་བ་བའི་སེམས་(5)ཅན་རྣམས་ཀྱི་དབྱུང་བ་དང་གདུབ་པ་དང་གཅད་པ་དང་། གཤེགས་པ་ལ་སོགས་པའི་སྡུག་བསྔལ་དང་། དུད་འགྲོ་རྣམས་གཅིག་ལ་གཅིག་ཟ་བ་ལ་སོགས་པའི་སྡུག་བསྔལ་དང་། ཡི་དགས་རྣམས་ཀྱི་བཀྲེས་པ་དང་། སྐོམ་པ་ལ་སོགས་པའི་སྡུག་བསྔལ་(6)དང་། ལྷ་རྣམས་ཀྱི་འཆི་འཕོ་དང་། ལྟུང་བ་དང་། རྣམ་པར་འཕྱོར་བ་དང་། རྣམ་པར་འཇིག་པ་ལ་སོགས་པའི་སྡུག་བསྔལ་དང་། མི་རྣམས་ཀྱི་ཚོལ་བ་དང་། ཆགས་པ་ལ་སོགས་པའི་སྡུག་བསྔལ་གང་དག་ཡིན་པ་དེ་དག་རྗོད་པར་བྱེད་པས་གང་ལ་ལའི་ལྷན་(7)ཅིག་གནས་པ་དང་། ཉེ་གནས་ཚངས་པར་སྤྱོད་པ་ལ་མངོན་པར་མི་དགའ་བ་དེ་དག་དེས་ཁྲིད་དེ་ཚེ་དང་ལྡན་པ་ཤ་རི་བུ་དང་། མཽད་གལ་གྱི་བུ་ཆེན་པོ་གཉིས་ག་ལ་བ་དེར་སོང་སྟེ། ཕྱིན་ནས་ཚེ་དང་ལྡན་པ་ཤ་རིའི་བུ་དང་། མཽད་གལ་གྱི་བུ་ཆེན་པོ་གཉིས་ལ་ཡང་དག་(114a1)པར་འདོམས་སུ་འཚོལ་བར་བྱེད། ཡང་དག་པར་རྗེས་སུ་སྟོན་དུ་འཚོལ་བར་བྱེད་ཅིང་། ཚེ་དང་ལྡན་པ་ཤ་རིའི་བུ་དང་། མཽད་གལ་གྱི་བུ་ཆེན་པོ་གཉིས་ཀྱང་དེ་ལ་ཡང་དག་པར་འདོམས་པར་བྱེད། ཡང་དག་པར་རྗེས་སུ་སྟོན་པར་བྱེད་དོ། །ཚེ་དང་ལྡན་(2)པ་ཤ་རིའི་བུ་དང་། མཽད་གལ་གྱི་བུ་ཆེནཔོ་གཉིས་ཀྱིས་ཡང་དག་པར་གདམས་ཤིང་། ཡང་དག་པར་རྗེས་སུ་བསྟན་པ་ན་དེ་དག་ཚངས་པར་སྤྱོད་པ་ལ་མངོན་པར་དགའ་ཞིང་གོང་དུ་ཁྱད་པར་ཡང་རྟོག་པར་བྱེད་དོ། །དེའི་ཚེ་ན་ཚེ་དང་ལྡན་པ་ཤ་རིའི་བུ་དང་། མཽད་གལ་(3)གྱི་བུ་ཆེན་པོ་གཉིས་འཁོར་བཞི་པོ་དག་གིས་ཀུན་དུ་བསྐོར་ཅིང་འཁོད་དོ།།

དེ་ནས་བཅོམ་ལྡན་འདས་ཀྱིས་ཚེ་དང་ལྡན་པ་ཀུན་དགའ་བོ་ལ་བཀའ་སྩལ་པ། ཀུན་དགའ་བོ་གང་གིས་དགེ་སློང་ཤ་རིའི་བུ་དང་། མཽད་གལ་གྱི་བུ་གཉིས་འཁོར་བཞི་པོ་དག་གིས་ཀུན་དུ་བསྐོར་(4)ཅིང་འཁོད་པའི་རྒྱུ་ནི་གང་ཡིན། རྐྱེན་ནི་གང་ཡིན། བཙུན་པ་ཚེ་དང་ལྡན་པ་ཤ་རིའི་བུ་དང་། མཽད་གལ་གྱི་བུ་ཆེན་པོ་གཉིས་ཀྱི་ཀུན་དུ་སྤྱོད་པ་ནི་དུས་དང་དུས་སུ་སེམས་ཅན་དམྱལ་བ་རྒྱུ་བ་དང་། དུད་འགྲོ་རྒྱུ་བ་དང་། ཡི་དགས་རྒྱུ་བ་དང་། ལྷ་རྒྱུ་བ་དང་། མི་རྒྱུར་(5)མཆི་བ་ལགས་པས། དེ་གཉིས་ཀྱིས་དེ་དག་ཏུ་བརྒྱུས་ནས་འཛམ་བུའི་གླིང་དུ་མཆིས་ཏེ་འཁོར་བཞི་པོ་དག་ལ་སེམས་ཅན་དམྱལ་བ་པའི་སེམས་ཅན་རྣམས་ཀྱི་དབྱུང་བ་དང་། གདུབ་པ་དང་། གཅད་པ་དང་། གཤེགས་པ་ལ་སོགས་པའི་སྡུག་བསྔལ་དང་། དུདའགྲོ་(6)རྣམས་ཀྱི་གཅིག་ལ་གཅིག་འཚལ་བ་ལ་སོགས་པའི་སྡུག་བསྔལ་དང་། ཡི་དགས་རྣམས་ཀྱི་བཀྲེས་པ་དང་།སྐོམ་པ་ལ་སོགས་པའི་སྡུག་བསྔལ་དང་། ལྷ་རྣམས་ཀྱི་འཆི་འཕོ་དང་། ལྟུང་བ་དང་།རྣམ་པར་འཕྱོར་བ་དང་། རྣམ་པར་འཇིག་པ་ལ་སོགས་(7)པའི་སྡུག་

བསྡུལ་དང་། མི་རྣམས་ཀྱི་ཚོལ་བ་དང་། ཆགས་པ་ལ་སོགས་པའི་སྡུག་བསྔལ་གང་དག་ལགས་པ་དེ་དག་ཛོད་པར་བགྱིད་པས་གང་ལ་ལའི་ལྷན་ཅིག་གནས་པ་དང་། ཉེ་གནས་ཚངས་པར་སྤྱོད་པ་ལ་མངོན་པར་མི་དགའ་བ་དེ་དག་དེས་ཁྲིད་དེ་(114b1)ཚེ་དང་ལྡན་པ་ཤཱ་རིའི་བུ་དང་། མོའུ་དགལ་གྱི་བུ་ཆེན་པོ་གཉིས་ག་ལ་བ་དེར་མཆིས་ཏེ། མཆིས་ནས་ཚེ་དང་ལྡན་པ་ཤཱ་རིའི་བུ་དང་། མོའུ་དགལ་གྱི་བུ་ཆེན་པོ་གཉིས་ལ་ཡང་དག་པར་འདོམས་སུ་འཚོལ་བར་བགྱིད། ཡང་དག་པར་རྗེས་སུ་སྟོན་དུ་འཚོལ་(2)བར་བགྱིད་ཅིང་ཚེ་དང་ལྡན་པ་ཤཱ་རིའི་བུ་དང་། མོའུ་དགལ་གྱི་བུ་ཆེན་པོ་གཉིས་ཀྱང་དེ་དག་ལ་ཡང་དག་པར་འདོམས་པར་བགྱིད་ཡང་དག་པར་རྗེས་སུ་སྟོན་པར་བགྱིད་དོ། །ཚེ་དང་ལྡན་པ་ཤཱ་རིའི་བུ་དང་། མོའུ་དགལ་གྱི་བུ་ཆེན་པོ་གཉིས་ཀྱིས་ཡང་དག་པར་(3)གདམས་ཤིང་། །ཡང་དག་པར་རྗེས་སུ་བསྟན་པ་ན་དེ་དག་ཚངས་པར་སྤྱོད་པ་ལ་མངོན་པར་དགའ་ཞིང་གོང་དུ་ཁྱད་པར་ཡང་རྟོག་པར་བགྱིད་དེ། བཙུན་པ་ཚེ་དང་ལྡན་པ་ཤཱ་རིའི་བུ་དང་། མོའུ་དགལ་གྱི་བུ་ཆེན་པོ་གཉིས་འཁོར་བཞི་པོ་དག་གིས་ཀུན་དུ་བསྐོར་ཅིང་(4)མཆིས་པའི་རྒྱུ་ནི་དེ་ལགས། རྐྱེན་ནི་དེ་ལགས་སོ། །ཀུན་དགའ་བོ་ཐམས་ཅད་དུ་དགེ་སློང་ཤཱ་རིའི་བུ་དང་། མོའུ་དགལ་གྱི་བུ་ཆེན་པོ་གཉིས་དང་། ཤཱ་རིའི་བུ་དང་། མོའུ་དགལ་གྱི་བུ་ཆེན་པོ་གཉིས་ལྟ་བུ་དག་མི་འབྱུང་བས་དེའི་ཕྱིར་སྒོ་ཁང་དུ་ཆ་ལྔ་པའི་འཁོར་ལོ་བྲི་(5)བར་རྗེས་སུ་གནང་ངོ་།

།བཅོམ་ལྡན་འདས་ཀྱིས་སྒོ་ཁང་དུ་ཆ་ལྔ་པའི་འཁོར་ལོ་བྲི་བར་བྱའོ། །ཞེས་བཀའ་སྩལ་ནས། །དགེ་སློང་རྣམས་ཀྱིས་ཇི་ལྟར་བྲི་བ་མི་ཤེས་ནས་བཅོམ་ལྡན་འདས་ཀྱིས་བཀའ་སྩལ་པ། །འགྲོ་བ་ལྔ་པོ་སེམས་ཅན་དམྱལ་བའི་འགྲོ་བ་དང་།(6)དུད་འགྲོའི་འགྲོ་བ་དང་། །ཡི་དགས་ཀྱི་འགྲོ་བ་དང་། ལྷའི་འགྲོ་བ་དང་། མིའི་འགྲོ་བ་བྲི་བར་བྱའོ།

། དགེ་སློང་རྣམས་ཀྱིས་གང་དུ་གང་བྲི་བར་བྱ་བ་མི་ཤེས་ནས་བཅོམ་ལྡན་འདས་ཀྱིས་བཀའ་སྩལ་པ། མཐར་སེམས་ཅན་དམྱལ་བ་དང་། དུད་འགྲོ་དང་། (7) ཡི་དགས་ཀྱི་འགྲོ་བ་བྲི་བར་བྱའོ། ཤར་གྱི་ལུས་འཕགས་དང་། ནུབ་ཀྱི་བ་ལང་སྤྱོད་དང་། བྱང་གི་སྒྲ་མི་སྙན་དང་། འཛམ་བུའི་གླིང་ཡང་བྲི་བར་བྱའོ། དབུས་སུ་འདོད་ཆགས་དང་། ཞེ་སྡང་དང་།གཏི་མུག་དག་བྲི་བར་བྱའོ། སངས་རྒྱས་ཀྱི་(115a1)སྐུ་གཟུགས་མྱ་ངན་ལས་འདས་པའི་དཀྱིལ་འཁོར་དཀར་པོ་སྟོན་པར་བྲི་བར་བྱའོ། །རྗེས་ཏེ་སྐྱེས་པའི་སེམས་ཅན་ཟོ་ཆུན་རྒྱུད་མའི་ཚུལ་གྱིས་འཆི་འཕོ་དང་སྐྱེ་བ་དག་ཀྱང་བྲི་བར་བྱའོ། ཁོར་ཁོར་ཡུག་ཏུ་རྟེན་ཅིང་འབྲེལ་བར་འབྱུང་བའི་(2)ཡན་ལག་བཅུ་གཉིས་ལུགས་སུ་འབྱུང་བ་དང་ལུགས་ལས་བཟློག་པ་དག་བྲི་བར་བྱ་ཞིང་ཐམས་ཅད་མི་རྟག་པས་བཟུང་བར་བྱའོ། ཚིགས་སུ་བཅད་པ་གཉིས་པོ

།བརྩམ་པར་བྱ་ཞིང་དབྱུང་བར་བྱ། སངས་རྒྱས་བསྟན་ལ་འཇུག་པར་བྱ།

།(3) འདམ་བུའི་ཁྱིམ་ལ་གླང་ཆེན་བཞིན། །འཆི་བདག་སྡེ་ནི་གཞོམ་པར་བྱ།

།གང་ཞིག་རབ་ཏུ་བག་ཡོད་པར། །ཆོས་འདུལ་འདི་ལ་སྤྱོད་འགྱུར་བ།

།སྐྱེ་བའི་འཁོར་བ་རབ་སྤངས་ནས། །སྡུག་བསྔལ་ཐ་མར་བྱེད་པར་འགྱུར།

ཞེས་བྱ་བ་ཡང་བྲི་བར་བྱའོ།།

(4)བཅོམ་ལྡན་འདས་ཀྱིས་སྒོ་ཁང་དུ་ཆ་ལྔ་པའི་འཁོར་ལོ་བྲི་བར་བྱའོ། ཞེས་བཀའ་སྩལ་ནས།

དགེ་སློང་རྣམས་ཀྱིས་སྒོ་ཁང་དུ་ཆ་ལྔ་པའི་འཁོར་ལོ་འདྲིར་བཅུག་པ་དང་། བྲམ་ཟེ་དང་། ཁྱིམ་བདག་དག་ལྷགས་ནས་འཕགས་པ་དག་བྲིས་པ་འདི་ཅི་ལགས་(5)ཞེས་འདྲི་བ་ན། དེ་དག་གིས་ཁོ་བོ་ཅག་གིས་ཀྱང་མི་ཤེས་སོ་ཞེས་སྨྲས་པ་དང་། བཅོམ་ལྡན་འདས་ཀྱིས་བཀའ་སྩལ་པ། དེར་བྲམ་ཟེ་དང་། ཁྱིམ་བདག་འོངས་ཤིང་ལྷགས་པ་རྣམས་ལ་དེ་སྟོན་པར་འགྱུར་བའི་དགེ་སློང་བསྐོ་བར་བྱའོ། །བཅོམ་ལྡན་འདས་ཀྱིས་(6)དགེ་སློང་བསྐོ་བར་བྱའོ་ཞེས་བཀའ་སྩལ་ནས། དེ་དག་བྱེ་བྲག་མེད་པར་བྱིས་པ་ཡང་རུང་། རྨོངས་པ་ཡང་རུང་། མི་གསལ་བ་ཡང་རུང་། མི་མཁས་པ་ཡང་རུང་བ་ལས་བསྐོ་བར་བྱེད་ནས་དེ་དག་བདག་ཉིད་གིས་ཀྱང་མི་ཤེས་ན་བྲམ་ཟེ་དང་ཁྱིམ་བདག་འོངས་ཤིང་(7)ལྷགས་པ་རྣམས་ལ་སྟོན་པར་འགྱུར་བ་ལྟ་ག་ལ་ཤེས་ནས། བཅོམ་ལྡན་འདས་ཀྱིས་བཀའ་སྩལ་པ། ནུས་པ་ལས་བསྐོ་བར་བྱའོ།

六道輪廻図（生死輪廻図　Skt. Bhavacakra，saṃsāracakra）

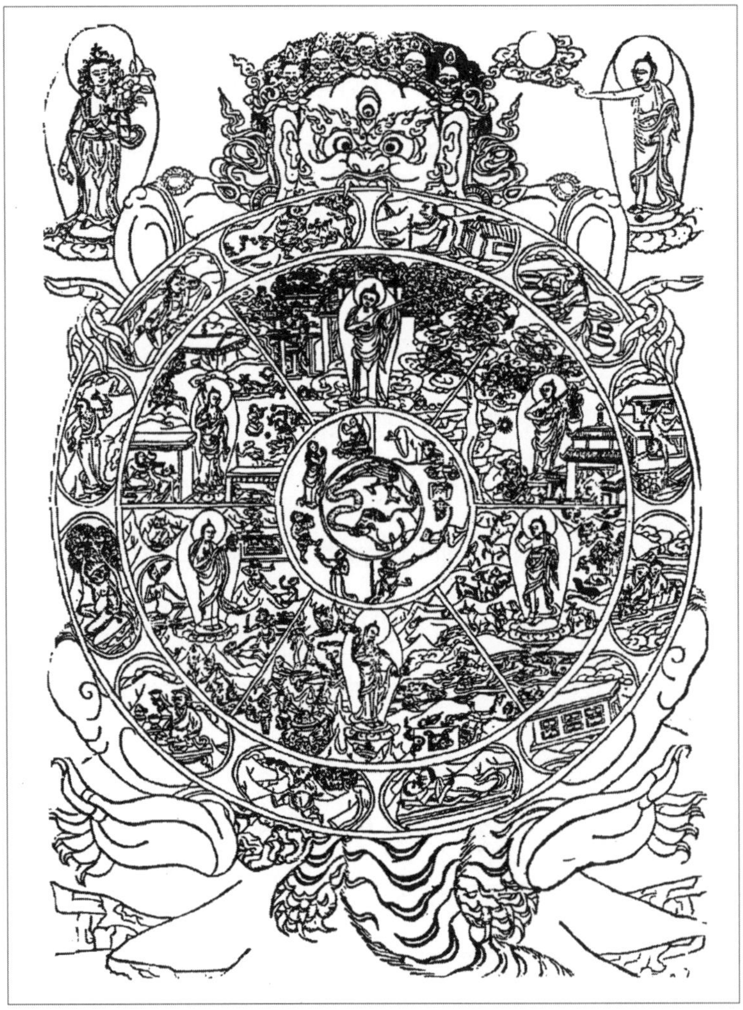

無常大鬼（ヤマ［Yama］天・死の神・閻魔）

六道（迷いの生存）

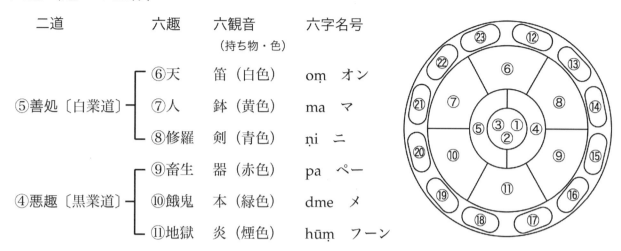

二道	六趣	六観音（持ち物・色）	六字名号
⑤善処〔白業道〕	⑥天	笛（白色）	oṃ　オン
	⑦人	鉢（黄色）	ma　マ
	⑧修羅	剣（青色）	ṇi　ニ
④悪趣〔黒業道〕	⑨畜生	器（赤色）	pa　ペー
	⑩餓鬼	本（緑色）	dme　メ
	⑪地獄	炎（煙色）	hūṃ　フーン

四　諦（四つの真理）

苦（四苦八苦）≪病状≫

1 生（生まれること）
2 老（老いること）
3 病（病むこと）
4 死（死ぬこと）
5 愛別離苦（愛する人と別れる苦しみ）
6 怨憎会苦（嫌いな人と会う苦しみ）
7 求不得苦（求めるものが得られない苦しみ）
8 五蘊盛苦（以上を要約した人間存在の大きな苦しみ）

集（苦しみの原因）≪病因≫

①にわとり	［貪］	（rāga）	三毒（最も大きな煩悩）
②豚（猪）	［痴］	（moha）	
③蛇	［瞋］	（dveṣa）	

滅（煩悩の炎が消えた状態）≪健康状態≫　月［ニルヴァーナ（nirvāṇa）・涅槃］

道（八正道）≪良薬≫月を指す仏

1 正見（正しく見る目）
2 正思（熟慮）
3 正語（正確な言葉）
4 正業（純粋な行動）
5 正命（恥ずかしくない生き方）
6 正精進（確固たる意思）
7 正念（覚めた注意力）
8 正定（完全な瞑想）

十二因縁

⑫盲目の婦人［無明(avidyā)］四諦や縁起の道理を知らないこと。無知

⑬つぼ作り［行(saṃskāra)］身・口・意の三業（習慣力）—善悪の意思。業形成

⑭果物を取る猿［識(vijñāna)］認識判断の作用（眼識〜意識）

⑮船上に二人の男［名色(nāmarūpa)］識の対象—六境（色・声・香・味・触・法）。心と身体

⑯六つの窓を持った家［六入(ṣaḍāyatana)］六根—感覚及び知覚の能力。眼・耳・鼻・舌・身・意。

⑰接吻する男女［触(sparśa)］根と境と識の三者の和合。接触

⑱目に矢を突き刺された男［受(vedanā)］苦・楽（不苦・不楽）受。感受作用

⑲酒を飲む男［愛(tṛṣṇā)］強い欲求（渇愛）。苦楽の受に対する愛憎の念

⑳果物を取る男または猿［取(upādāna)］身・語による取捨選択の行為。執着

㉑妊婦或いは床の中の男女［有(bhava)］現象的存在。性格・人格としての存在。生存

㉒出産或いは妊婦［生(jāti)］性格・人格から生じる経験。誕生

㉓死体を背負った人［老死(jarāmaraṇa)］（愁・悲。苦・憂・悩）三界輪廻のあらゆる苦悩は無明や渇愛などの煩悩や業を原因とする。

般若心経（デルゲ版，東北目録 No.21）

(ka144b6) རྒྱ་གར་སྐད་དུ། བྷ་ག་ཝ་ཏི་པྲ་ཛྙཱ་པཱ་ར་མི་ཏཱ་ཧྲི་ད་ཡ།།

བོད་སྐད་དུ། བཅོམ་ལྡན་འདས་མ་ཤེས་རབ་ཀྱི་ཕ་རོལ་ཏུ་ཕྱིན་པའི་སྙིང་པོ།

བཅོམ་ལྡན་འདས་མ་ཤེས་རབ་ཀྱི་ཕ་རོལ་ཏུ་ཕྱིན་པ་ལ་ཕྱག་འཚལ་ལོ།

།འདི་སྐད་བདག་གིས་ཐོས་པའི་དུས་གཅིག་ན། བཅོམ་ལྡན་འདས་རྒྱལ་པོའི་ཁབ་བྱ་རྒོད་ཕུང་པོའི་རི་ལ། དགེ་སློང་གི་དགེ་འདུན་ཆེན་པོ་དང་། བྱང་ཆུབ་སེམས་དཔའི་དགེ་འདུན་ཆེན་པོ་དང་ཐབས་ཅིག(145a1)ཏུ་བཞུགས་ཏེ། དེའི་ཚེ་བཅོམ་ལྡན་འདས་ཟབ་མོ་སྣང་བ་ཞེས་བྱ་བའི་ཆོས་ཀྱི་རྣམ་གྲངས་ཀྱི་ཏིང་ངེ་འཛིན་ལ་སྙོམས་པར་ཞུགས་སོ། །ཡང་དེའི་ཚེ་བྱང་ཆུབ་སེམས་དཔའ་སེམས་དཔའ་ཆེན་པོ་འཕགས་པ་སྤྱན་རས་གཟིགས་དབང་ཕྱུག་ཤེས་རབ་ཀྱི་ཕ་རོལ་ཏུ་ཕྱིན་པ་ཟབ་མོའི་སྤྱོད་པ་ཉིད་*རྣམ་པར་ལྟ་ཞིང་། ཕུང་པོ་ལྔ་པོ་དེ་དག་ལ་ཡང་རང་བཞིན་གྱིས་སྟོང་པར་རྣམ་པར་ལྟའོ། །དེ་ནས་སངས་རྒྱས་ཀྱི་མཐུས། ཚེ་དང་ལྡན་པ་ཤཱ་རིའི་བུས་བྱང་ཆུབ་སེམས་དཔའ་སེམས་དཔའ་ཆེན་པོ་འཕགས་པ་སྤྱན་རས་གཟིགས་དབང་ཕྱུག་ལ་འདི་སྐད་ཅེས་སྨྲས་སོ། རིགས་ཀྱི་བུ་གང་ལ་ལ་ཤེས་རབ་ཀྱི་ཕ་རོལ་ཏུ་ཕྱིན་པ་ཟབ་མོ་སྤྱོད་པ་སྤྱོད་པར་འདོད་པ་དེས་ཅི་ལྟར་བསླབ་པར་བྱ། དེ་སྐད་ཅེས་སྨྲས་པ་དང་། བྱང་ཆུབ་སེམས་དཔའ་སེམས་དཔའ་ཆེན་པོ་འཕགས་པ་སྤྱན་རས་གཟིགས་དབང་ཕྱུག་གིས་ཚེ་དང་ལྡན་པ་ཤཱ་རིའི་བུ་ལ་འདི་སྐད་ཅེས་སྨྲས་སོ། །ཤཱ་རིའི་བུ་རིགས་ཀྱི་བུའམ། རིགས་ཀྱི་བུ་མོ་གང་ལ་ལ་ཤེས་རབ་ཀྱི་ཕ་རོལ་ཏུ་ཕྱིན་པ་ཟབ་མོ་སྤྱོད་པ་སྤྱོད་པར་འདོད་པ་དེས་འདི་ལྟར་རྣམ་པར་བལྟ་བར་བྱ་སྟེ། ཕུང་པོ་ལྔ་པོ་དེ་དག་ཀྱང་རང་བཞིན་གྱིས་སྟོང་པར་ཡང་དག་པར་རྗེས་སུ་ལྟའོ། །གཟུགས་སྟོང་པའོ། །སྟོང་པ་ཉིད་ཀྱང་གཟུགས་སོ། །གཟུགས་ལས་ཀྱང་སྟོང་པ་ཉིད་གཞན་མ་ཡིན་ནོ། །སྟོང་པ་ཉིད་ལས་ཀྱང་གཟུགས་གཞན་མ་ཡིན་ནོ། །དེ་བཞིན་དུ་ཚོར་བ་དང་། འདུ་ཤེས་དང་། འདུ་བྱེད་དང་། རྣམ་པར་ཤེས་པ་རྣམས་སྟོང་པའོ། །ཤཱ་རིའི་བུ་དེ་ལྟ་བས་ན་ཆོས་ཐམས་ཅད་སྟོང་པ་ཉིད་དེ། མཚན་མ་མེད་པ། མ་སྐྱེས་པ། མ་འགགས་པ། དྲི་མ་མེད་པ། དྲི་མ་དང་བྲལ་བ་མེད་པ། བྲི་བ་མེད་པ། གང་བ་མེད་པའོ། །ཤཱ་རིའི་བུ་དེ་ལྟ་བས་ན་སྟོང་པ་ཉིད་ལ་གཟུགས་མེད། ཚོར་བ་མེད། འདུ་ཤེས་མེད། འདུ་བྱེད་རྣམས་མེད། རྣམ་པར་ཤེས་པ་མེད། མིག་མེད། རྣ་བ་མེད། སྣ་མེད། ལྕེ་མེད། ལུས་མེད། ཡིད་མེད། གཟུགས་མེད། སྒྲ་མེད། དྲི་མེད། རོ་མེད། རེག་བྱ་མེད། ཆོས་མེད་དོ། །མིག་གི་ཁམས་མེད་(145b1)པ་ནས་ཡིད་ཀྱི་རྣམ་པར་ཤེས་པའི་ཁམས་ཀྱི་བར་དུ་ཡང་མེད་དོ། །མ་རིག་པ་མེད། མ་རིག་པ་ཟད་པ་མེད་པ་ནས་རྒ་ཤི་མེད། རྒ་ཤི་ཟད་པའི་བར་དུ་ཡང་མེད་དོ། །སྡུག་བསྔལ་བ་དང་། ཀུན་འབྱུང་བ་དང་། འགོག་པ་དང་། ལམ་མེད། ཡེ་ཤེས་མེད། ཐོབ་པ་མེད། མ་ཐོབ་པ་ཡང་མེད་དོ། །ཤཱ་རིའི་བུ་དེ་ལྟ་བས་ན་བྱང་ཆུབ་སེམས་དཔའ་རྣམས་ཐོབ་པ་མེད་པའི་ཕྱིར། ཤེས་རབ་ཀྱི་ཕ་རོལ་ཏུ་ཕྱིན་པ་ལ་བརྟེན་ཅིང་གནས་ཏེ། སེམས་ལ་སྒྲིབ་པ་མེད་པས་སྐྲག་པ་མེད་དེ། ཕྱིན་ཅི་ལོག་ལས་ཤིན་ཏུ་འདས་ནས་མྱ་ངན་ལས་འདས་པ་ཆེན་པོའི་མཐར་ཕྱིན་ཏོ། །དུས་གསུམ་དུ་རྣམ་པར་བཞུགས་པའི་སངས་རྒྱས་ཐམས་ཅད་ཀྱང་། ཤེས་རབ་ཀྱི་ཕ་རོལ་ཏུ་ཕྱིན་པ་ལ་བརྟེན་ནས། བླ་ན་མེད་པ་ཡང་དག་པར་རྫོགས་པའི་བྱང་ཆུབ་ཏུ་མངོན་པར་རྫོགས་པར་སངས་རྒྱས་སོ། །དེ་ལྟ་བས་ན་ཤེས་རབ་ཀྱི་ཕ་རོལ་ཏུ་ཕྱིན་པའི་སྔགས། རིག་པ་ཆེན་པོའི་སྔགས། བླ་ན་མེད་

པའི་སྔགས། མི་མཉམ་པ་དང་མཉམ་པའི་སྔགས། སྡུག་བསྔལ་ཐམས་ཅད་རབ་ཏུ་ཞི་བར་བྱེད་པའི་སྔགས། མི་རྫུན་པས་ན་བདེན་པར་ཤེས་པར་བྱ་སྟེ། ཤེས་རབ་ཀྱི་ཕ་རོལ་ཏུ་ཕྱིན་པའི་སྔགས་སྨྲས་པ། ཏ་དྱ་ཐཱ།

ཨོཾ་ག་ཏེ་ག་ཏེ་པཱ་ར་ག་ཏེ། པཱ་ར་སཾ་ག་ཏེ། བོ་དྷི་སྭཱ་ཧཱ།

ཤཱ་རིའི་བུ་བྱང་ཆུབ་སེམས་དཔའ་སེམས་དཔའ་ཆེན་པོས་དེ་ལྟར་ཤེས་རབ་ཀྱི་ཕ་རོལ་ཏུ་ཕྱིན་པ་ཟབ་མོ་ལ་བསླབ་པར་བྱའོ། །དེ་ནས་བཅོམ་ལྡན་འདས་ཀྱིས་ཏིང་ངེ་འཛིན་དེ་ལས་བཞེངས་ཏེ། བྱང་ཆུབ་སེམས་དཔའ་སེམས་དཔའ་ཆེན་པོ་འཕགས་པ་སྤྱན་རས་གཟིགས་དབང་ཕྱུག་ལ་ལེགས་སོ་ཞེས་བྱ་བ་བྱིན་ནས། ལེགས་སོ་ལེགས་སོ། །རིགས་ཀྱི་བུ་དེ་དེ་བཞིན་ནོ། །རིགས་ཀྱི་བུ་དེ་དེ་བཞིན་ཏེ། ཇི་ལྟར་ཁྱོད་ཀྱིས་བསྟན་པ་དེ་བཞིན་དུ་ཤེས་རབ་ཀྱི་ཕ་རོལ་ཏུ་ཕྱིན་པ་ཟབ་མོ་ལ་སྤྱད་པར་བྱ་སྟེ། དེ་བཞིན་གཤེགས་པ་རྣམས་ཀྱང་རྗེས་སུ་ཡི་རང་ངོ་། །བཅོམ་ལྡན་འདས་ཀྱིས་དེ་སྐད་ཅེས་བཀའ་སྩལ་ནས། ཚེ་དང་ལྡན་པ་ཤཱ་རིའི་བུ་དང་བྱང་ཆུབ་སེམས་དཔའ་སེམས་དཔའ་ཆེན་པོ་འཕགས་པ་སྤྱན་རས་གཟིགས་དབང་ཕྱུག་དང་།(146a1) ཐམས་ཅད་དང་ལྡན་པའི་འཁོར་དེ་དག་དང་། ལྷ་དང་། མི་དང་། ལྷ་མ་ཡིན་དང་། དྲི་ཟར་བཅས་པའི་འཇིག་རྟེན་ཡི། བཅོམ་ལྡན་འདས་ཀྱིས་གསུངས་པ་ལ་མངོན་པར་བསྟོད་དོ། བཅོམ་ལྡན་འདས་མ་ཤེས་རབ་ཀྱི་ཕ་རོལ་ཏུ་ཕྱིན་པའི་སྙིང་པོ་ཞེས་བྱ་བ་ཐེག་པ་ཆེན་པོའི་མདོ་རྫོགས་སོ།། །།

*note：版本は全てlaが入っているが，意味上，laは不必要と判断した。

維摩経（デルゲ版，東北目録 No.176）

6-5 (ma210a) སྨྲས་པ། སེམས་ཅན་ཐམས་ཅད་རབ་ཏུ་ཐར་བར་བྱ་བར་འདོད་པས་ཇི་ལྟ་བུར་བྱ། (210b) སྨྲས་པ། སེམས་ཅན་ཐམས་ཅད་རབ་ཏུ་ཐར་བར་བྱ་བར་འདོད་པས་ཉོན་མོངས་པ་ལས་རབ་ཏུ་ཐར་བར་བྱའོ། །སྨྲས་པ། ཉོན་མོངས་པ་སྤང་བར་འདོད་པས། ཇི་ལྟར་རབ་ཏུ་སྦྱར་བར་བྱ། སྨྲས་པ། ཉོན་མོངས་པ་སྤང་བར་འདོད་པས་ཚུལ་བཞིན་རབ་ཏུ་སྦྱར་བར་བྱའོ། །སྨྲས་པ། ཇི་ལྟ་བུར་རབ་ཏུ་སྦྱར་ན། ཚུལ་བཞིན་དུ་རབ་ཏུ་སྦྱོར་བ་ཡིན། སྨྲས་པ། སྐྱེ་བ་མེད་པ་དང་། འགག་པ་མེད་པ་ལ་རབ་ཏུ་སྦྱོར་བ་ནི་ཚུལ་བཞིན་དུ། རབ་ཏུ་སྦྱོར་བ་ཡིན་ནོ། །སྨྲས་པ། ཅི་མི་སྐྱེད། ཅི་མི་འགོག། སྨྲས་པ། མི་དགེ་བ་རྣམས་མི་སྐྱེད་ཅིང་། དགེ་བ་རྣམས་མི་འགོག་གོ། །སྨྲས་པ། དགེ་བ་དང་མི་དགེ་བའི་རྩ་བ་གང་། སྨྲས་པ། འཇིག་ཚོགས་ནི་རྩ་བའོ། །སྨྲས་པ། འཇིག་ཚོགས་ཀྱི་རྩ་བ་གང་། སྨྲས་པ། འཇིག་ཚོགས་ཀྱི་རྩ་བ་ནི་འདོད་པ་དང་ཆགས་པའོ། །སྨྲས་པ། འདོད་པ་དང་ཆགས་པའི་རྩ་བ་གང་། སྨྲས་པ། འདོད་པ་དང་ཆགས་པའི་རྩ་བ་ནི་ཡང་དག་པ་མ་ཡིན་པ་ཀུན་རྟོག་པའོ།

6-6 (210b) །སྨྲས་པ། ཡང་དག་པ་མ་ཡིན་པ་ཀུན་རྟོག་པའི་རྩ་བ་གང་། སྨྲས་པ། ཡང་དག་པ་མ་ཡིན་པ་ཀུན་རྟོག་པའི་རྩ་བ་ནི་ཕྱིན་ཅི་ལོག་གི་འདུ་ཤེས་སོ། །སྨྲས་པ། ཕྱིན་ཅི་ལོག་འདུ་ཤེས་ཀྱི་རྩ་བ་གང་། སྨྲས་པ། ཕྱིན་ཅི་ལོག་གི་འདུ་ཤེས་ཀྱི་རྩ་བ་ནི་རྟེན་མེད་པའོ། །སྨྲས་པ། རྟེན་མེད་པའི་རྩ་བ་གང་། སྨྲས་པ། འཇམ་དཔལ་གང་རྟེན་མེད་པ་དེའི་རྩ་བར་འགྱུར་བ་ཅི་ཞིག་ཡོད་དེ། དེ་ལྟར་ཆོས་ཐམས་ཅད་ནི་རྟེན་མེད་པའི་རྩ་བ་ལ་གནས་པའོ།།

8-32 (220b4) དེ་ལྟར་བྱང་ཆུབ་སེམས་དཔའ་དེ་དག་གིས་རང་རང་གི་བསྟན་པ་བཤད་ནས་འཇམ་དཔལ་གཞོན་ནུར་གྱུར་པ་ལ་འདི་སྐད་ཅེས་སྨྲས་སོ། །འཇམ་དཔལ་བྱང་ཆུབ་སེམས་དཔའི་གཉིས་སུ་མེད་པར་འཇུག་པ་གང་ཡིན། འཇམ་དཔལ་གྱིས་སྨྲས་པ། སྐྱེས་བུ་དམ་པ་ཁྱེད་ཀུན་གྱིས་ཀྱང་ལེགས་པར་སྨྲས་མོད་ཀྱི་ཁྱེད་ཀྱིས་བཤད་པ་དེ་ཐམས་ཅད་ནི་གཉིས་སོ། །བསྟན་པ་གཅིག་ནི་མ་གཏོགས་ཏེ་བརྗོད་དུ་མེད་པ། སྨྲས་མེད་པ། བཤད་དུ་མེད་པ། བསྒྲག་ཏུ་མེད་པ། བསྟན་དུ་མེད་པར་གདགས་སུ་མེད་པ་དེ་ནི་གཉིས་སུ་མེད་པར་འཇུག་པའོ།།

8-33 (220b6) དེ་ནས་འཇམ་དཔལ་གཞོན་ནུར་གྱུར་པས་ལི་ཙ་བྱི་དྲི་མ་མེད་པར་གྲགས་པ་ལ་འདི་སྐད་ཅེས་སྨྲས་སོ། །ཁོ་བོ་ཅག་གིས་ནི་རང་རང་གི་བསྟན་པ་བཤད་ཟིན་ན་རིགས་ཀྱི་བུ་ཁྱོད་ཀྱང་གཉིས་སུ་མེད་པའི་ཆོས་ཀྱི་སྒོ་བསྟན་པ་ལ་སྤོབས་པར་གྱིས་ཤིག། དེ་ནས་ལི་ཙ་བྱི་དྲི་མ་མེད་པར་གྲགས་པ་ཅང་མི་སྨྲ་བར་གྱུར་ཏོ། །དེ་ནས་འཇམ་དཔལ་གཞོན་ནུར་གྱུར་པས་ལི་ཙ་བྱི་དྲི་མ་མེད་པར་གྲགས་པ་ལ་ལེགས་སོ་ཞེས་བྱ་བ་བྱིན་ཏེ། ལེགས་སོ་ལེགས་སོ། རིགས་ཀྱི་བུ་འདི་ནི་(221a)བྱང་ཆུབ་སེམས་དཔའ་རྣམས་ཀྱི་གཉིས་སུ་མེད་པར་འཇུག་པ་ཡིན་ཏེ། དེ་ལ་ཡི་གེ་དང་། སྒྲ་དང་། རྣམ་པར་རིག་པའི་ཀྱུ་བ་མེད་དོ། །བསྟན་པ་འདི་བཤད་པ་ན་བྱང་ཆུབ་སེམས་དཔའ་ལྔ་སྟོང་གཉིས་སུ་མེད་པའི་ཆོས་ཀྱི་སྒོར་ཞུགས་ནས་མི་སྐྱེ་བའི་ཆོས་ལ་བཟོད་པ་ཐོབ་པར་གྱུར་ཏོ།།

<u>Grammatical Terms Index</u>

ང་

ཅ་

ཆ་

ན་

པ་

ཕ་

བ་

མ་

ཚ་

ཛ་

ཝ་

ཞ་

ཟ་

འ་

ཧ་

例文・例題の和訳付き

チベット語彙集

ཀ་

ཀ་བ་　柱

ཀུན　一切の

ཀུན་དགའ་བོ་　阿難

ཀུན་ཏུ་བཟང་པོ་　普賢

ཀུན་རྟོག་པ་　分別する

ཀུན་ཏུ་བསྒོམ་མོ་　堅く修す

ཀུན་འབྱུང་བ་　*samudaya*　集

ཀྱང་　亦，けれど

ཀྱེ་　おお

ཀླགས་བམ་　書物

ཀླུ་　龍

ཀློག་པ་　読む，読むこと

ཀློགས་ཤིག་　読みなさい

དཀར་(པོ་)　白い

དཀོན་　希，優れた

དཀོན་གསུམ་　三宝

དཀོན་མཆོག་གསུམ་　三宝

བཀའ་སྩལ་པ་　仰せられた

བཀོད་　並べた（འགོད་པ་の完了）

བཀྲེས་པ་དང་སྐོམ་པ་　飢えと渇き

རྐྱེན་　縁

བསྐུལ་བ་　驚覚する

བསྔོ་བར་བྱ་　指名すべき

བསྔོས་པས་　指名する（されて）

བསྐྱེད་པ་　生じる

སྐད་　言葉

སྐར་མ་　星

སྐོག་ཅིང་　皮をむいて

སྐྱབས་མཆི་　帰依

སྐྱིད་　幸福

སྐྱེད་　生じる

སྐྱེས་　生まれた

སྐྱེས་པ་　誕生

སྐྱེས་དམན་　娘，妻

སྐྱོན་　過ち

སྐྲག་པ་　恐れ

ཁ་

ཁུར་　運ぶ（འཁུར་の完了）

ཁེངས་　満ちた（འཁེངས་の過去）

ཁོ་བོའི་　私の

ཁོར་ཁོར་ཡུག་ཏུ་　周囲には

ཁྱད་པར་　特別な

ཁྱི་　戌

ཁྲིད་དེ་　導かれて

ཁྱད་པར་　特別に

ཁྱོད་　あなた

མཁན་པོ་　戒師

མཁན་པོས་　戒師（*Śāntarakṣita*）

མཁས་　善巧な

མཁས་པ་རྣམས་　頭の良い人々

མཁྱེན་པར་བྱའོ་　知るべし

འཁོད་ནས་　住して

འཁོར་　眷属

འཁོར་བ་　輪廻

འཁོར་བཞི་པོ་དག་ལ་　四衆たちに

འཁྱིལ་　渦巻く

འཁྱུག་　閃く

འཁྱེར་འཇུག་　運ばせる

འཁྲིད་　導く

ག་

གང་　何，何者

གང་དང་གང་　如何なる

གང་དུ་　何処へ

གང་ནས་　何処から

གང་དང་གང་ལ་　何れの…に

གང་ཡིན་པ་དེ་　ところのそれ

གལ་ཏེ་　もし…ならば

(根) གི་ཡིན་　しようとしている

གུང་སྐྱིང་ (=དགུང་སྐྱིང་)　御生涯

གོ་　了解する

གོང་དུ་　上記のことを

གོམ་པ་　歩

གོས་　服

གྱུག་སྟེ་　振って

གྱུར་བ་ 成った（འགྱུར་བ་の命令）

གྱེན་དུ་ལྟ་བར་ 上（の人）として見る

གྱོན་　着る

གྲྭ་པ་　学僧

གྲོང་པའི་　村の

གློག་　雷

གྲི་　剣

གྲུབ་　完成した

གླ་རྩི་　麝香の香り

གླང་　丑

གླང་ཆེན་　大象

གློག་　雷

དགབ་　覆うだろう（འགེབས་པ་の未来）

དགའ་སྟེ་　喜んで

དགར་བ་　分離（文）

དགུག་　屈む

དགུང་ལོ་　（ལོ་の敬語）御年

དགེ་　善

དགེ་འདུན་　僧

དགེ་བ་　善

དགེ་བའི་བཤེས་གཉེན་　善知識

དགེ་སློང་　比丘

དགོངས་པ་　御意趣

དགོན་པ་རུ་　寺に

དགོན་པ་ལ་　寺に

དགོན་པར་　寺に

མགོ་བོ་　頭

འགོག་པ་　*nirodha*　滅

འགོད་པར་བྱེད་　せいにする

འགྲུབ་　成就する

འགྲོ་བ་　有趣

འགྲོབ་　趣，行く

འགྲོ་བར་འགྱུར་ 行くであろう

འགྲོ་བཞིན་པ་ 行きつつ

འགྱུརབའི་　なること

འགྱུར་རོ་　であろう

འགྲོའོ་　行く

འགོར་བར་　輪廻

རྒ་　老

རྒྱ་　インド人

རྒྱ་གར་　インド

རྒྱ་མཚོ་　海

རྒྱབ་ཏུ་　背中に

རྒྱབ་སྟེ་　投げて

རྒྱལ་པོ་　王

རྒྱལ་པོའི་ཁབ་　王舎城

རྒྱལ་སྲིད་　王位

རྒྱས་པའོ་　広大な

རྒྱས་པར་　広大に

རྒྱུ་　（の）はず

རྒྱུ་　原因

རྒྱུ་མཚན་　理由（文）

རྒྱུན་དུ་　常に

རྒྱུབ་　行くこと

སྒོ་ཁང་དུ་　門戸に

སྒྱོང་　守る

སྒོམ་ཞིང་　瞑想して

སྒྲ་　声

སྒྲ་མི་སྙན་　倶盧

སྒྲ་མེད་　無言

སྒྲིབ་པ་　障碍

སྒྲུབས་　成就する

བརྒྱའི་བར་དུ་　百まで

བསྒྱུར་བ་　変化する

བསྒྲག་　説く

ང་

ངན་པ་　悪人

ངེས་གཟུང་　確言（文）

ངས་　私は

དངོས་པོ་　状態（文）

དངོས་　実体

དངོས་མེད་　無実体

མངགས་པ་　派遣する

མངའ་ཐང་　力

མངའ་རིས་

（チベット西部地方）ガリー

མངོན་པར་བསྟོད་ 称讃する

མངོན་པར་ཤེས་པ་ 神通

མངོན་སུམ་དུ་གྱུར་ 現前する

ལྔ་བཅུ་ 50

སྔགས་ 真言

སྔོན་གྱི་དུས་ 太古の時代に

སྔོན་དུས་སུ་ 以前に

སྙོམས་པར་བཞུགས་ 等入する

འདུས་བྱས་ 有為

འདུས་མ་བྱས་ 無為

ཅ་

ཅང་ （否定と共に）

決して…しない

ཅི་ 何か，何事，如何なる

ཅི་དགར་ 随意に

ཅི་ཞིག་ 何か

ཅི་སླད་ 何のために

ཅི་སྟེ་ 何として

ཅི་འདྲ་ 如何に

ཅི་ཕྱིར་ 何故に

ཅིའི་སླད་དུ་ 何のためか

ཅེས་པ་ といっても

གཅིག་ 1

བཅད་དེ་ 切って

（གཅོད་པ་の完了）

གཅད་པ་ 切断

(དང་)བཅམས་པ་ 伴う

གཅིག་ཏུ་ 共に

བཅོམ་ 征服した

（འཇོམས་の完了）

བཅོམ་ལྡན་འདས་ 世尊

ལྕགས་ 金（鉄）

ལྕེ་ 舌

སྩལ་བར་གསོལ་ どうぞお話ください

ཆ་

ཆ་ལྔ་པའི་འཁོར་ལོ་ 五部の輪

ཆགས་པ་ 愛着

ཆང་ 酒

ཆུ་ 水

ཆུག་ 着け（འཇུག་པ་の命令）

ཆེ་ 大きい

ཆེད་དུ་ ために

ཆེན་པོ་ 大きい

ཆོད་ཅིག་ 切れ（གཅོད་པ་の命令）

ཆོལ་བ་ 欲望

ཆོས་ 法

ཆོས་ཀྱི་གྲགས་པ་ ダルマキールティ

ཆོས་ཀྱི་རྣམ་གྲངས་ཀྱི་ 法門

ཆོས་སྐྱོང་ ダルマパーラ

མཆིས་ཏེ་ おられて

མཆོག་ 最勝（の）

མཆོད་པ་ 供養する

མཆོད་མེ་ 献灯

འཆི་བདག་ 死の主

འཆི་འཕོ་ 死

ཇ་

ཇ་ 茶

ཇི་སྲིད་ ～の限りは

ཇི་སྙེད་ 何々は

ཇི་བཞིན་ 何々の如く

ཇི་ལྟར་ 何々のように

ཇི་ཙམ་ 何々程

ཇི་རྟིག་ན་ 如何に

ཇོ་བོ་ ジョーボ

（アティーシャのこと）

ཇོ་བོ་རྗེ་ アティーシャ

མཇལ་ཏེ་ 会って

འཇམ་དཔལ་གཞོན་ནུར་གྱུར་པ་

妙吉祥童子

འཇིག་རྟེན་གྱི་ཁམས་ 世界

འཇིག་རྟེན་པ་ 世間の

འཇིག་ཚོགས་ 有身

འཇུག་པ་ 入る

རྗེས་ཏེ་ 続いて

རྗེས་སུ་གནང་ངོ་ 許可された

རྗེས་སུ་བཟུང་ངོ་ 受け入れられた

རྗེས་སུ་ཡི་རང་ 随喜する

རྗོད་པར་བྱེད་པས་

（四衆たちに）語ったところで

བརྗོད་དུ་ 言う

བརྗོད་པ་ 述べる

ཉ་

ཉ་ 魚

ཉན་ཐོས་ཆེན་པོ་ 大声聞

ཉན་ནས་ 聞いて

ཉི་མ་ 太陽

ཉིས་བརྒྱ་ 200

ཉེ་གནས་ 近住

ཉོན་མོངས་པ་ 煩悩

གཉིད་ 眠り

མཉམ་པ་ 等しい

རྙེད་ 得る

བརྙེས་པས་ 得たので

སྙིང་ག་ 心

སྙིང་པོ་ 心髄

སྙམ་མོ་ 思う

ཏ་

ཏིང་ངེ་འཛིན་ 禅定，三摩地

གཏན་དུ་ 常に

གཏང་ཡོང་ あげよう

བཏང་ 為した

（འཏོང་の完了）

བཏབ་ 撒く

གཏོགས་པའི་ 属する

（否定がついて「除いて」）

གཏོང་ 供養する

གཏོར་ 散る

བཏེག་ （འདེགས་པ་の過去）

挙げた，去った

རྟ་ 午（馬）

རྟག་ཏུ་ 常に

རྟག་པ་ 常

རྟེན་ 拠る

རྟོག་གེའི་ 論理

རྟོག་པར་བྱེད་དོ་ 了解した

རྟོགས་སོ་ 理解する

བརྟན་པར་ 堅固に

ལྟ་ཅི་སྨོས་ 況んや…をや

ལྟ་བ་ 見る

ལྟ་བུ་ …のような

ལྟ་བུའོ་ 如くである

ལྟག་ どうしてなろうか，ならない

ལྷུང་བ་ 落下

ལྟེ་བ་ 臍

ལྟོ་ 食べ物

བརྟེན་ཅིང་ 依って

སྟག་ 寅（虎）

སྟེང་དུ་ 上に，上の方に

སྟེར་ 与える

སྟོང་ 1,000

སྟོང་པ་ 空

སྟོང་པ་ཉིད་ 空性

སྟོབས་ 力

བསྟན་ 示して

བསྟན་པ་ 説いた

བསྟན་པ་ཡིན་ 已に説かれたり

བསྟན་པར་འགྱུར་ 教えるであろう

བསྟེན་པ་ 依る，頼る

ཐ་

ཐ་སྙད་ 指示代名詞（文）

ཐ་མར་བྱེད་པ་ 終わりにする

ཐབས་ 方便

ཐམས་ཅད་ あらゆる，一切の

ཐར་ 解かれる

ཐར་པའི་ 解脱

ཐར་མོ་སྦྱར་ཏེ་ 掌を合わせて

ཐོག་ཏུ་ 頂上を

ཐོགས་　持て

ཐོབ་　得た

ཐོབ་པ་　得る

ཐོབ་པོ་　到達せり

ཐོས་པ་　聞く

མཐར་　下に

མཐུས་　威力をもって

མཐོང་　見る

འཐུང་སྟེ་　飲んで

འཐོབ་པར་　得る

ད

ད་ལྟའི་དུས་སུ་　今は

དང་　(命令形) そうすれば

དང་པོ་　第一の

དང་པའི་ཆོས་　正法

དམ་ལ་བཏགས་　呪詛で制する

དུ་མ་　煙

དུད་འགྲོ་　畜生

དུད་འགྲོའམ་　傍生，或いは

དུས་　時

དུས་དུས་སུ་　時に時に（の都度に）

དུས་དེར་　その時に

དེ་　それ，その

དེ་ཁོ་ན་ཉིད་　真如，真実

དེ་ལྟ་བས་ན་　それゆえに

དེ་བཞིན་ནོ་　同様な

དེ་བཞིན་གཤེགས་པ་དགྲ་བཅོམ་པ་ཡང་དག་པར་རྫོགས་པའི་སངས་རྒྱས་　如来応供正等覚者

དེ་རང་　まさにそのもの

དེ་རིང་　今日

དེ་ལ་　それには

དེར་　そこへ

དོན་　利益，意味

དོན་ཐམས་ཅད་གྲུབ་པ་　一切義成就

དོན་དུ་　ために

དྲི་　香

དྲི་མ་　垢

དྲི་ཞིམ་　よい香り

དྲི་ཟ་　ガンダルヴァ

དྲུག་　6

དྲོད་　熱

གདགས་སུ་མེད་པ་　言うことはない

གདམས་ངག་　命令（文）

གདའ་བ་　あります（丁寧語）

གདུགས་　傘

གདུབ་པ་　粉砕

གདུལ་བྱ་　所化

གདོང་པ་　顔

འདག་གི་　自己の

བདག་སྒྲ་　所有主接尾辞（文）

བདུད་　悪魔

བདེ་ཅན་　極楽

བདེ་བ་　安楽

བདེན་པ་　真実

མདུན་དུ་　前に

འདམ་　泥

འདམ་བུའི་ཁྱིམ་ལ་　葦の家に

འདས་པ་　過去

འདི་　この

འདུ་　集まる

འདུ་བྱེད་　*saṃskāra*　行

འདུག་　在る

འདུལ་　調伏する

འདུས་བྱས་　有為

འདུས་ཞིང་　あつめて（འདུ་བ་の完了）

འདུས་ཤེས་　*saṃjñā*　想

འདུ་ཤེས་　*saṃjñā*　想

འདེགས་　持ち上げる

འདོད་ན་　欲せば

འདོད་པ་　欲

འདོད་པས་　欲する

འདོད་པའི་ལྷ་　守護神（*iṣṭadeva*）

འདོན་　暗誦する

འདྲི་　尋ねる

རྡུང་བ་　叩く

རྡོ་རྗེ་གུར་གྱི་རྒྱུད་ *Vajrapañjaratantra*

རྡོ་རྗེའི་འགྲོ་ 金剛の歩み

རྡོ་རྗེ་གདན་ 金剛座

རྡོ་རྗེ་གླིང་ ダージリン

རྡོ་བ་ 石

རྡོ་ཡིས་ 石をもって

བརྡུང་པ་ （རྡུང་པ་の未来）

ལྡབ་ 倍にする

སྡིག་པ་ 罪

སྡུག་བསྔལ་ 苦

སྡུག་བསྔལ་བ་ 苦

སྡུད་པ་ 摂（文）

སྡེ་ 群

སྡེ་སྣོད་གསུམ་པོ་ 三蔵

སྡེར་མོ་ 爪

སྡོན་དུ་ 座に

སྡོམས་ 律

བརྡུང་པ་ 砕く（རྡུང་の未来）

ན་

ན་ནིང་ 昨年

ནག་ 黒い

ནང་ནས་ 中で

ནང་བ་ 内面的（精神的）には

ནད་ 病気

ནན་ཏན་ 努力

ནམ་མཁའ་ལ་ 虚空に

ནམ་མཁའི་དབྱིངས་ 虚空界

ནས་ から

ནུ་བ་སོང་ 没んで行く

ནུས་པ་ལས་ 能力のあるものの中から

ནུབ་ཕྱོགས་ལོག་སུ་ 西方に

ནུས་སམ་ 出来るか

ནོར་ 財，宝

ནོར་བ་ 誤った

ནོར་བུ་ 宝

གནང་ お与えになる

གནམ་དུ་ 空に

གནས་ 状態，住む

གནས་ཏེ་ 住して

མནན་ 押さえた

མནལ་བར་ 御就寝なさる

རྣ་བ་ 耳

རྣམ་གྲངས་ 門

རྣམ་པར་ལྟ་ 照見する

རྣམ་པར་འཇིག་པ་ 破損

རྣམ་པར་འཐོར་བ་ 破壊

རྣམ་པར་དག་གོ་ 清浄な

(ལས་)རྣམ་པར་རྒྱལ་ལོ་ 征服した

རྣམ་པར་ཤེས་པ་ *vijñāna* 識

རྣལ་འབྱོར་དཔྱོད་པའི་དབུ་མ་ 瑜伽行中観派

བརྣན་པ་ 強調（文）

སྣ་ 鼻

སྣ་ཚོགས་པ་ 種々の

པ་

དཔག་ཚད་ 由旬

དཔེ་ཆ་ 本

དཔེར་ན་ 例えば

དཔོན་པོ་ 主人

སྤང་བར་བྱ་བ་ 捨てるべき

སྤོངས་ 捨てよ（命令）

སྤྱད་པ་ 行ずる

སྤྱན་དྲངས་ （སྤྱན་འདྲེན་の過去） 御招請申し上げた

སྤྱན་དྲོངས་ （སྤྱན་འདྲེངསの命令形） 招待せよ

སྤྱན་རས་གཟིགས་དབང་ཕྱུག་ 観自在

སྤྲུགས་པ་ 振り払う

སྤྱོད་པ་ 行

ཕ་

ཕ་རོལ་ཏུ་ 彼方へ

ཕག་ 亥

ཕམ་སྟེ་　負けて

ཕལ་ཆེར་　一般に

ཕུང་པོ་ལྔ་པོ་　五蘊

ཕུད་　取った（འབུད་པ་の過去）

ཕེབས་པ་　行かれた（ཕེབ་の過去）

ཕོ་ཉ་　使用人

ཕོད་པ་　出来る

ཕྱགས་ཕྱི་　随待する

ཕྱག་འཚལ་　敬礼する

ཕྱི་རོལ་པ་　外的（身体的な）

ཕྱི་ལ་　後ろに

ཕྱིན་　行く

ཕྱིན་ཅི་ལོག་པ་　顛倒

ཕྱིར་　故に

ཕྱིར་དུ་　ために

ཕྱུག་པོསི་　金持ちの

ཕྱོགས་ཀྱི་གླང་པོ་　陣那

ཕྲ་　細い

འཕགས་པ་　聖，聖者

འཕར་ཞིང་　飛んで

འཕུར་ཞིང་　飛んで

འཕུལ་　捧げる

འཕེལ་བའི་　増やす

བ་

བ་ལང་སྤྱོད་　牛貨

བར་དུ་　至るまで

བལ་ཡུལ་　ネパール国

བི་ཀྲ་མ་ཤཱི་ལ་　ビクラマシーラ

བུམ་པ་　瓶

བོད་　チベット

བོར་བ་（འབོར་བ་の過去）投げた，置いた

བྱ་རྒོད་ཕུང་པོའི་རི་　鷲峰山

བྱ་　酉（鳥）

བྱ་　行じる

བྱང་ཆུབ་　菩提

བྱང་ཆུབ་སེམས་དཔའ་　菩薩

བྱང་ཆུབ་སེམས་དཔའི་སྤྱོད་པ་ལ་འཇུག་པ་ *Bodhicaryāvatāra*

བྱམས་པ་　弥勒

བྱས་　行じた

བྱས་ཏེ་　為した

བྱས་ན་　なしたら

བྱས་ན་ཡང་　なすとも

བྱི་　子（ね）

བྱིས་པ་　凡夫

བྱིས་པ་དག་　愚かな人々

བྱེ་བྲག་མེད་པར་　差別無く

བྱེ་བ་ཁྲག་ཁྲིག་འབུམ་　千百十万

བྱེད་ན་　なさば

བྱེད་པར་　為す

བྱེད་པར་འགྱུར་　為すであろう

དབྱུང་བར་བྱ་　出離すべし

བྲམ་ཟེ་　バラモン

བྲི་བར་བྱ་　画くがよい

བྲིས་ཤིག་　書きなさい

བྲོས་　逃げる

བླ་ན་མེད་པ་　無上の

བླ་མ་　ラマ

བླུག་　注げ（ལྡུག་པ་の命令）

བློ་གྲོས་　智慧

དབང་ཕྱུག་སྡེ་　イーシュヴァラセーナ

དབུ་ཞྭ་　帽子

དབུལ་པོ་　貧しい人

དབུས་　中央（衛）地方

དབྱུང་བ་　(འབྱིན་པ་の未来) 排除

འབར་　燃える

འབུད་　燃やす

འབྱུང་　生じる

འབྱོན་　出現するであろう

འབྱོན་པ་　行く

འབྱུང་གནས་　もと

འབྱེད་པ་　開（文）

འབྲི་　書く

འབྲིར་འཇུག་　書かせる

འབྲུག་　辰

སྦྲར་བ་　結べ（སྦྲོར་བ་の命令）

སྦྱར་བ་ （སྦྱོར་བ་の過去）加行，準備する

སྦྱིན་ནོ་ 与える

མ་

མ་འཁྱག་པའི་ 凍えない

མ་གོས་ 汚されない

མ་ཆད་པ་ 途切れず

མ་གཏོགས་ཏེ་ 除いて

མ་ལྟོགས་པའི་ 飢えない

མ་སྟོན་ཅིག་ 説くなかれ

མ་ནུས་སོ་ 得ない

མ་ནོར་བར་ 間違いなく

མ་འོངས་པ་ 未来

མ་རིག་པའི་ 無明の

མང་ 多くのもの

མར་ 酪

མི་ 人，男

མི་སྐྱེ་བའི་ཆོས་ལ་བཟོད་པ་ 不生忍法

མི་དགའ་བ་ 喜ばない

མི་རྟག་པས་ 無常に

མི་སྣང་ཡང་ 見えなくとも

མི་ཡོད་དོ་ 出来ない

མི་འབྱུང་བས་ 出現しない

མི་གཡོ་བའི་ཏིང་ངེ་འཛིན་ 阿娑頗那三摩地

མི་རྫུན་པས་ 偽らない

མི་གསལ་བ་ （絵について）明らかでないもの

མིག་ 眼

མིག་གིས་ 目によって

མིང་ 名前

མིན་ནམ་ 無しや

ལུག་ 羊

མེ་ 火

མེ་ཏོག་ 花

མེད་དམ་ 無なりや

མཽད་གལ་གྱི་བུ་ 目犍連

མྱ་ངན་འདས་པ་ 涅槃

མྱ་ངན་མེད་ アショーカ

མྱུ་གུ་ 芽

དམན་པར་ 劣った

དམར་པོ་ 赤い

དམྱལ་བ་ 地獄

སྨྲས་ 言った

ཙ་

ཙན་དན་ 白檀

བཙལ་ཏེ་ 求めて

རྩ་བ་ 根本

རྩོད་པ་ 論争

རྩྭ་ 草

བརྩམ་པར་བྱ་ཞིང་ 努力すべし

ཚ་

ཚངས་པ་ 梵天

ཚངས་སྤྱོད་ 梵行

ཚད་མ་ཀུན་ལས་བཏུས་པ་ *Pramāṇasamuccaya*

ཚིག་ 言葉

ཚིགས་སུ་བཅད་པ་ 偈

ཚུལ་ 方法

ཚུལ་བཞིན་ 如理に

ཚེ་ 時，年齢

ཚེ་སྐབས་ 時（文）

ཚོགས་ 集まり（僧伽）

ཚེ་དང་ལྡན་པ་ 長老

ཚོན་ 染料

མཚམས་ནས་ 途中で

འཚེར་ 輝く

འཚོག་པ་ （འཚོགས་པ་と同じ）

འཚོ་བ་ 生計，生きる

ཚོར་བ་ *vedanā* 受

འཚོལ་བར་བྱེད་ 求めた

ཛ་

མཛད་ 美しい

མཛོད་ 庫

འཛམ་བུའི་གླིང་ 閻浮州

འཛིན་པ་ 維持する

ཛེ་བ་ 制する

རྫུ་འཕྲུལ་གྱི་ཆོ་འཕྲུལ་གྱིས་

神変の変化をもって

རྗེས་ཡི་རང་ 喜ぶ

རྫོགས་ 円満する

རྫོགས་པ་ 円満する

ཝ་

ཞ་

ཞག་（動詞+ཤིག་命令形 〜せよ）

ཞལ་ お顔（尊）

ཞལ་ནས་ お顔から（猊下は）

ཞུ་ 尋ねる

ཞུ་དགོས་ན་ （目上の人に）

申し上げるべきなら

ཞུགས་ 滞在した

ཞུས་ 懇願した

ཞུས་པ་ 尋ねる

ཞེས་བྱ་བ་ という

གཞན་ 異なった，他の

གཞོམ་པར་བྱ་བ་ 征されるべきもの

བཞག་ 置いた

བཞུགས་ いらっしゃる

བཞེད་ 望まれる（尊）

ཟ་

ཟ་ 食べる

ཟ་བ་ 食べる

ཟད་པ་ 尽きる

ཟབ་མོ་སྣང་བ་ 甚深光照

ཟིན་ 終わった

ཟུར་ 角

ཟེར་ 言う

ཟོ་ཆུན་རྒྱུད་མའི་ཚུལ་གྱིས་

つるべのあり方で

གཟུགས་ 物

གཟུགས་མེད་ 無色

གཟུང་ 持す

གཟུངས་ 陀羅尼

གཟུངས་སྔགས་ ダラニ真言

བཟང་པོ་ 勝れた

བཟི་ 酔う

བཟུང་ 取った

ཟླ་བ་ 月

ཟླ་བའི་དཀྱིལ་འཁོར་ 月輪

ཟློས་ 誦す

བཟླས་པས་ 誦す

འ་

འོ་མ་ 乳

འོག་ཏུ་ 下に

འོངས་ཏེ་ やって来て

འོད་ 光

འོད་མའི་ཚལ་ཀ་ལན་ད་ཀའི་གནས་ན་

カランダカ（迦蘭陀

＝ *kalandaka*）竹林精舎

འོད་གསལ་བ་ 光明

ཡ་

ཡང་ 亦，けれども

ཡང་དག་པ་མ་ཡིན་པ་ 虚妄な

ཡང་དག་པར་རྗེས་སུ་ལྟ་ 正しく見る

ཡང་དག་པར་རྗེས་སུ་སྟོན་ 正しく教える

ཡང་དག་པར་འདོམས་ 正しく忠告する

ཡབ་ཀྱིས་ 父上が

ཡར་དུ་ 上に

ཡལ་ག་ 枝

ཡི་དྭགས་ 餓鬼

ཡི་དགས་ 餓鬼

ཡིད་ 心

ཡིད་ལ་ཟུངས་ཤིས་ 心に記憶せよ

ཡི་གེ་ 文字

ཡིད་ 意

ཡིན་ན་ཡང་ あっても

ཡིན་ནམ་ 有りや

ཡིན་ནོ་　（ので）ある

ཡུལ་　地方，国

ཡེ་ཤེས་　知識

ཡོང་　来た

ཡོངས་སུ་སྤངས་　悉く捨てよ
（སྤོནས་の命令形）

ཡོངས་སུ་མྱ་ངན་ལས་འདས་པ་　涅槃

ཡོངས་སུ་ལེག་　完全に受け入れる

ཡོང་སུ་ཤེས་པར་　悉く知らんと

ཡོད་དོ་　ある

ཡོན་ཏན་　徳

ཡོས་　卯

ཡོད་པ་　ある

གཡུག་སྟེ་འགྲོ་　手を振り回して
（しながら）行く

གཡོག་པོ་　下僕

ར་

ར་མ་　山羊

རང་　自身

རང་གི་　自分の

རང་རང་གི་　各々の

རང་བཞིན་གྱིས་　自性

རང་སངས་རྒྱས་　独覚

རབ་ཏུ་ཐར་བར་བྱ་བར་　解脱しようと

རབ་ཏུ་བག་　不放逸

རབ་ཏུ་སྒྲུར་བར་བྱ་　勤修すべき

རབ་ཏུ་ཞི་བར་བྱེད་པ་　寂静にさせる

རབ་བྱུང་　出家者

རས་དཀར་པ་　白布

རི་དྭགས་　鹿

རིག་པ་　学，明

རིགས་ཀྱི་བུ་　善男子

རིང་པ་　長い

རིན་པོ་ཆེ་　財宝

རེ་…རེ་…　…であれ，…であれ

རེག་བྱ་　触

རོ་　味

ལ་

ལ་སོགས་པ་　始めとする

ལག་ན་　手に

ལག་པ་　手

ལགས་　である，です（丁寧語）

ལམ་　*mārga*　道

ལས་　業

ལུག་　未（羊）

ལུས་　身

ལུས་འཕགས་　聖身

ལེགས་　善，結構，よろしい

ལེགས་པར་བཤད་　善説した

ལེན་　得られる

ལོ་　年

ལོ་རྒྱུས་　年代

ལོ་ཙྪ་　翻訳

ལོངས་པར་　使う，沿う

ལོངས་སྤྱོད་　財産

བློ་ཡི་མདུན་ན་　慧の前では

བསླབ་པར་བྱ་　学ぶべき

ཤ་

ཤ་　肉

ཤར་བ་　昇る

ཤར་ཕྱོགས་སུ་　東の方に

ཤར་སོང་　昇って行った

ཤཱ་རིའི་བུ་　舎利弗

ཤི་　死

ཤི་བར་དུ་　死まで

ཤིང་　木

ཤིང་གི་　木の

ཤིང་གིས་　木によって

ཤིང་ལ་　木に

ཤིན་ཏུ་　非常に

ཤིན་ཏུ་དགྱེས་　非常に喜んで

ཤེད་　強い

ཤེས་　知る

ཤེས་བྱ་　知るべきこと

ཤེས་རབ་　般若

ཤེས་རབ་ཀྱི་ཕ་རོལ་ཏུ་ཕྱིན་པ་ 般若波羅蜜
ཤོས་ 最も
གཤེགས་པ་ 引き裂き
བཤད་ 説語，説明
བཤད་པར་བྱ་ 釈すであろう

ས་

ས་ 土
ས་བཅུ་པ་ 十地
ས་འདུལ་ 地鎮
ས་བོན་ 種
སང་ 明日
སངས་རྒྱས་ 悟り，仏
སངས་རྒྱས་ཀྱི་ཞིང་ 仏国土
སངས་ཤིང་ 離れて
སུ་ 誰か，ところの人
སུ་དང་སུ་ 誰と誰とで
སུན་ཕྱུང་ 負処に堕す
སེང་གེ་ ライオン
སེམས་ 心
སེམས་པ་ 心
སེམས་ཅན་ 衆生，有情
སེམས་ཅན་དམྱལ་བ་ 有情地獄
སེམས་ཉིད་ 心の本質
སོ་སོར་བཤགས་ 懺悔する
(ལ་)སོགས་པ་ 等
སོང་ 行った
སོང་བ་ 行ける
སོར་མོ་ 指
སློབ་དཔོན་གྱིས་ 先生によって
སློབས་ 勉強しなさい
(སློབ་པ་の命令)
སློབས་པ་ 学処
གསང་ 隠密の
གསལ་ 明るい
གསུང་གཅིག་ཏུ་ 異口同音
གསུངས་ 仰せられた
གསུམ་ ３
གསུམ་ཆ་ ３分の１
གསུམ་གསུམ་ ３つずつ
གསེར་ 金
གསོད་པ་ 殺す
བསད་ 殺した
བསླབ་ 学ぶだろう
(སློབ་པ་の未来形)
བསླབ་པར་བྱ་ 学ぶべし
བསླབ་པས་ 学ぶべきことは

ཧ་

ཧསྟི་པཱ་ལ་ ハスティパーラ
ལྷ་ 天，神
ལྷའི་བུ་ 神の子
ལྷ་མ་ཡིན་ 阿修羅
ལྷ་མིན་ 非天，阿修羅
ལྷ་མ་ཡིན་ནམ་ 阿修羅
ལྷ་རུ་ 南に
ལྷར་ 南に
ལྷ་ས་ ラサ
ལྷ་སྲིན་ 鬼神
ལྷག་བཅས་ 具余，接続（文）
ལྷག་པའི་ཚུལ་ཁྲིམས་ 増上戒
ལྷག་པའི་སེམས་ 増上定
ལྷག་པའི་ཤེས་རབ་ 増上慧
ལྷག་པར་ 優れた，特別な
ལྷན་ཅིག་གནས་པ་ 共住
ལྷུང་ངོ་ 落ちる
ལྷོ་ 南

ཨ་

ཨ་བྷ་ཡཱ་ཀ་ར་གུ་པྟ་
Abhayākaragupta（人名）
྅ཧཾ ’haṃ（aham 私は）

チベット語初等文法
【新訂版】

2021年4月3日初版発行

編　者　髙橋尚夫・前田亮道・倉西憲一・吉澤秀知
発行者　髙橋秀裕
発行所　大正大学出版会
住所　東京都豊島区西巣鴨3-20-1
電話　03-3918-7311（代）
制作・編集　株式会社ティー・マップ
（大正大学事業法人）
印刷・製本　藤原印刷株式会社
ISBN978-4-909099-57-0